正しい価値観で行動すれば職場と結果は変わる

インパクト・コンサルティング
倉益幸弘／布施 肇／内田士家留

はじめに

　インパクト・メソッドの基礎となる考え方をまとめた、私たちインパクト・コンサルティングにとって初の書籍『開発チーム革新を成功に導くインパクト・メソッド』を上梓してから7年が過ぎた。

　この間、日本を取り巻く環境は目まぐるしく変化した。とりわけ、日本企業は激流ともいえるグローバル市場競争の波にさらされ厳しい経営を余儀なくされてきた。それでも不断の努力で技術革新を続け、大きな成長を遂げた企業が数多くあるのだから、日本企業の底力には心から敬服する。

　そのような企業の成長を陰になり日向になり支えているのが、開発現場で働く技術者である。厳しい制約を受けてもあきらめることなく、目標に向かって突き進む技術者が日本経済を引っ張っているのである。コンサルティングを通じて、柔軟な発想で問題・課題を分析して解決策を導き出す技術者を何人も見てきたが、

そのたびに未来を担う人材の存在に頼もしさを感じてきた。

　しかし一方で、技術者が置かれている職場の環境は、決して望ましい状態にはない。マネージャやメンバー、そして経営者のそれぞれが問題意識を持っているにもかかわらず、職場環境は一向に改善されない。その結果、疲弊するのは開発現場で働く技術者だ。重い問題である。
　このような開発現場を取り巻く問題・課題を解決し、よりよい組織に革新するのがインパクト・メソッドの活動である。
　職場慣習をなかなか打ち破ることができず、停滞していた数多くの開発現場がインパクト・メソッドを導入し、業務成果を生み出せる組織へと大きな変化を遂げている。

「成功事例に学ぶインパクト・メソッド」シリーズは、そのようなインパクト・メソッド導入企業の長期にわたる粘り強い活動と、そこで起きたいくつもの変化、成し遂げた組織の成長の軌跡を克明に紹介する書籍である。
　今回は、デンソー様のご協力を得て、インパクト・メソッドの導入事例を紹介させていただいた。
　本書と同時に刊行する『開発チーム革新を成功に導くインパクト・メソッド 進化版』も合わせてご覧いただき、インパクト・メ

ソッドのフレームワークをご理解いただきながら、本書でインパクト・メソッドを導入した組織にどのような変化が起きるのか、詳しく知っていただければ幸いである。

2016年12月

　　　　　株式会社インパクト・コンサルティング
　　　　　　代表取締役　倉益幸弘

Contents

はじめに ……………………………………………………… 001

プロローグ **上級マネージャが向き合う組織の問題** …… 007
　グローバル市場で高い技術力を発揮するモノづくり企業 …… 010
　環境変化がさまざまな問題を引き起こす ………………… 017
　デンソーとインパクト・メソッドの出合い ……………… 023

第1章 日常マネジメント岩盤固めで強化されるチーム力 …… 031

1-1　世界戦略車のエアコン設計を担当する開発チーム …… 032
1-2　導入研修で浮き彫りになる世界戦略車担当チームの課題 …… 044
1-3　世界戦略車担当チームがめざす3つの革新 …… 068
1-4　田口部長が見せた本気のマネジメント …… 085

第2章 プロジェクト岩盤への挑戦が導いたチームの成長 ... 105

- 2-1 開発プロセスを革新して業務負荷平準化をめざす ... 106
- 2-2 誰も経験したことがない
「性能確認試作完成度100%」への挑戦 ... 132
- 2-3 徹底的な段コミで開発プロセスを改善する ... 137
- 2-4 3つの革新によって変わった組織風土 ... 141

第3章 理想のチームをめざす新たな挑戦 ... 149

- 3-1 より大きな成果を目標に自走がはじまる ... 150
- 3-2 世界を舞台にした重要ミッションにメンバーが挑む ... 154
- 3-3 2年目の活動成果を振り返る飛躍式 ... 171

エピローグ 次なる目標に向けてD-KIは続く ... 175

- インパクト・コンサルティングが見たD-KI ... 176
- おわりに ... 186

装丁・本文デザイン■株式会社オオノデザイン
編集協力■外﨑 航／伊田欣司／大下明文／瀬戸友子／有限会社バウンド
イラスト作成■すざ木しんぺい

プロローグ

上級マネージャが向き合う
組織の問題

◎熱機器事業部冷技1部4室1課の
　インパクト・メソッド導入経緯と活動の流れ

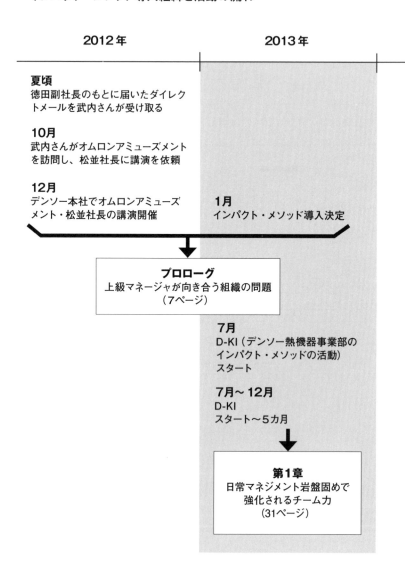

プロローグ 上級マネージャが向き合う組織の問題

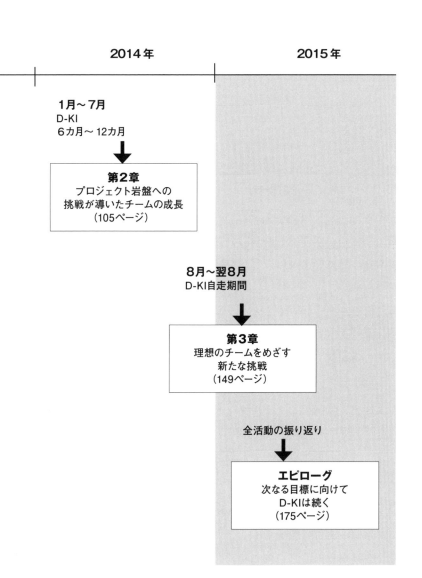

1

グローバル市場で高い技術力を発揮するモノづくり企業

創業期から世界をめざす

　株式会社デンソーは、国内最大手の自動車部品メーカーである。世界38カ国・地域に188社のグループ企業を展開し、先進的な技術によってつくり出される製品を世界の主要な自動車メーカーに提供している。グローバルで15万人以上の社員を抱える巨大企業であり、連結売上高は4兆5000億円にのぼる（2016年3月末現在）。

　主力は自動車関連分野で、ガソリンエンジンやディーゼルエンジンの制御システム、ハイブリッド車関連製品などのパワトレイン機器や、カーエアコンシステムやラジエータなどの熱機器、カーナビやエアバッグ用センサーなどの情報安全機器、半導体デバイスやエンジン制御コンピュータなど、多種多様な製品を開発・製造する。

　デンソーが創業以来培（つちか）ってきた高い技術をベースにして、世界で初めて世に送り出した製品も少なくない。たとえば、ディーゼルエンジンの性能を飛躍的に向上させた「コモンレールシステム」や、夜間に歩行者を検知する「ナイトビュー」などだ。

　また、自動車以外にも、住宅向けエネルギー監視システムなど

プロローグ　上級マネージャが向き合う組織の問題

●デンソー会社概要

株式会社デンソー

【本　社】　愛知県刈谷市
【設　立】　1949 年
【社員数】　15 万 1,775 名
　　　　　　（2016 年 3 月末現在）
【売　上】　4 兆 5,245 億円
　　　　　　（2016 年 3 月末現在）
【資本金】　1,874 億円

●デンソーのグローバル拠点（2016年3月末現在）

グローバル拠点数
188社

図表1 デンソー製品（自動車部品）

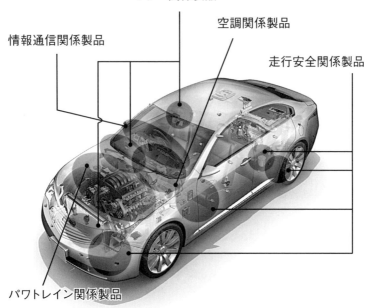

主力はガソリンエンジンやディーゼルエンジンの制御システムや関連製品。また、カーエアコンのトップメーカーでもある。近年は、安全運転を支援する走行安全関係製品にも力を入れている。

の生活関連機器分野や、産業・医療用ロボットなどの産業機器分野で事業を展開。たとえば世界で初めて自然冷媒（CO_2）を活用したヒートポンプ式給湯器や、今では情報基盤の一部としてあらゆるところで利用されているＱＲコードは、同社の独創的な商品開発力によって生み出された製品である。

　さらに自動車関連分野で培ってきた技術を応用し、農業、情報をはじめ、さまざまな事業に取り組んでいる。

デンソーの前身は、トヨタ自動車株式会社の電装品部門（ダイナモ、スターターなど電装品の開発・製造部署）で、社名の由来ともなっている。1949年にトヨタ自動車から分離独立するかたちで、日本電装株式会社として創業された。当時は国内の自動車産業がようやく立ち上がりはじめた頃であり、自動車開発のカギを握る電装品を国産化し、できるだけ早く世界水準へ引き上げることが国家的な課題だった。そのため、デンソー経営陣は、「単なる車両メーカーの下請けではなく、日本を代表する電装品メーカーをめざす」という強い思いを創業当初から抱いていた。社名にも、その思いが込められているという。

　以来、デンソーは世界に通用する製品づくりをめざしてきた。53年には、世界トップクラスの自動車部品メーカーであり、現在では競合となっているドイツのロバートボッシュ社と電装品の分野で技術的な提携をするという契約を締結。61年には品質管理に関する世界最高ランクのデミング賞を受賞した。このように、同社が長年にわたって築き上げてきた技術力の高さや生産プロセスの秀逸さは、世界から高い評価を得ている。
　一方、国内の自動車部品メーカーに先駆けて、66年に米国に営業所を開設したのを皮切りに、海外生産の拡大に積極的に取り組んできた。
　また、将来的に自動車部品が電子制御化されることを見越し、68年にIC研究室を開設。早くから社内でICの研究開発に取り組

んできた結果、電子関連製品は現在、デンソーの主力製品のひとつになっている。

このようにデンソーは、将来を見すえて技術力を積み重ねると同時に「品質第一」の姿勢で製品分野を広げ、提案力のあるグローバルな自動車部品メーカーに成長したのである。

受け継がれるモノづくりの精神

創業以来、デンソーは技術だけでなく、技術を使いこなす技能も重視する「技術と技能の両輪」という思想を大切に受け継いできた。また、「モノづくりは人づくり」という考え方を人材育成の基本として重視してきた。

創業5年目の54年には技能者養成所を開設して、卓越した技術を使いこなす高度な技能者の育成に乗り出した。また、将来の高度熟練技能者になりうる人材の計画的育成を目的として、技能五輪全国大会に63年の第1回全国大会から参加。その金メダリストに出場資格が与えられる技能五輪国際大会には71年に初出場し、77年には国際大会で初の金メダルを獲得している。

これ以降、技能者養成所出身のデンソー技能者の活躍は続き、技能五輪国際大会の獲得メダルの数は2015年3月末時点で61個にのぼる。現在では、海外グループ会社の社員によるメダル獲得もあり、まさにグローバル企業として世界中で「技術と技能の両輪」が実践されている。

製品開発の現場でもメダリストはその技能を思いきり発揮し、新しい技術の製品化に貢献している。「コモンレールシステム」

「ナイトビュー」など世界初の製品の開発は、高度技能者の存在なくしては実現できなかったといえるだろう。

　現在、デンソーは、日本、アメリカ、ドイツ、ブラジル、インド、中国、タイという7つのテクニカルセンターを拠点に、世界各国の自動車メーカー、研究機関、大学などと連携して、各地のニーズに合った最先端の技術・製品の開発を行っている。そして、これほどの研究開発体制を敷いた現在でも、創業以来、育んできたモノづくりの精神を確実に継承していこうと、グループ全体で共有すべき価値観や信念を「デンソースピリット」として明文化し、17ヵ国語に翻訳してグループ内で共有している。
「先進（先取、創造、挑戦）」「信頼（品質第一、現地現物、カイゼン）」「総智・総力（コミュニケーション、チームワーク、人材育成）」という3つの柱と9つのスピリットで構成されるデンソースピリットは、デンソーの企業風土を形成してきた重要な要素となっている。

図表2 デンソースピリット

先進

デンソーにしかできない驚きや感動を提供する
【先取】変化を先取りしたい
【創造】新しい価値を生み出したい
【挑戦】難しい壁を乗り越えたい

信頼

お客様の期待を超える安心や喜びを届ける
【品質第一】お客様に最高の品質を届けたい
【現地現物】事実を正しく把握したい
【カイゼン】現状より少しでも上をめざしたい

総智・総力

チームの力で最大の成果を発揮する
【コミュニケーション】互いに深く理解し合いたい
【チームワーク】チームのために全力をつくしたい
【人材育成】自ら成長したい、そして後進に伝承したい

2

環境変化が
さまざまな問題を引き起こす

変化の波を受ける自動車業界

　今や世界でもトップクラスの自動車部品メーカーに成長したデンソーだが、主戦場となる自動車市場は大きな変化の時期を迎えているといわれており、今後も厳しい競争が繰り広げられると予想されている。

　まず、国内市場は、少子化の影響や若者のクルマ離れもあり、厳しい状況が続いている。その一方で、国外には成長を見せている市場がある。中国や東南アジアがそうした成長市場であり、アメリカ市場も堅調だ。そのため、どの国内自動車メーカーも海外展開に力を入れている。特に新興国市場に対しては、各メーカーが売れ筋である低価格帯のクルマを開発・投入している。販売先が海外に広がるとともに、開発や生産の海外拠点づくりも進んでいる。

　また近年、国内外を問わず、「環境」「安全」をテーマにした次世代車の開発競争が加速している。

　環境意識の高まりから、多くの自動車メーカーが開発に積極的に取り組んでいるのが「エコカー」である。この分野で先行して

いるのは日本の自動車メーカーだ。97年にトヨタ自動車が世界初の量産型ハイブリッド車「プリウス」を発売したのをはじめ、各社がハイブリッド車や電気自動車を発売している。さらに、14年にトヨタ自動車が「MIRAI」の販売を開始するなど、燃料電池自動車の開発も進んでいる。

　安全の面では、交通事故を低減するとして自動運転技術に大きな注目が集まっている。自動運転技術は、高度なセンシング技術やITと自動車の制御技術の組み合わせで実現する。こうした技術を用いた自動ブレーキ、車間距離制御などの安全運転支援技術はすでに実用化しており、「加速」「操舵」「制御」という運転動作をすべて自動車側が制御する技術の実用化も間近に迫っているといわれている。

　現在、国内外の自動車メーカーが、自動運転車の開発にこぞって取り組んでいるが、運転に人が一切介在しない完全自動運転車の開発をIT企業のグーグルが主導するなど、自動車とは関連のないメーカーも開発に積極的なことから、この分野では今後、開発競争が激化することが予想されている。

　こうした自動車業界の動向は、メガサプライヤーを頂点とする自動車部品メーカーに大きな影響をおよぼし、変化をもたらしてきた。

　たとえば、自動車メーカーの世界進出に対応して、海外でも開発や生産が可能な体制づくりが自動車部品メーカーに求められるようになった。

また、環境や安全を重視する次世代車の開発は、さまざまな分野の先端技術を必要とするため、自動車メーカーだけでその役割を担(にな)うのは容易でない。そこで、IT企業や電気・電子系のメーカーを巻き込みながら、メガサプライヤーが競い合うようにして技術開発を進めている。まさに、大競争時代の到来である。

慢性化するコミュニケーションの問題

　このような自動車業界を取り巻く環境の変化に対応することは、あらゆる自動車関連メーカーにとって最も重要な課題である。

　デンソーも近年、多様化、高度化する市場ニーズへの対応を重要な経営課題ととらえて積極的に取り組んできた。しかし、年ごとに求められる技術レベルは高度化し、短納期やコスト削減の要求も厳しさを増していることから、経営層はそれぞれに危機感を持っていた。

　デンソー技術開発センター技術企画部長の武内裕嗣さん（当時。現在は常務役員、冷暖房事業部長、熱開発統括）は、もともと職場の基本であるコミュニケーションには強い関心を持っていた。

　それは、武内さんが01年に室長として、開発・設計・製造が一体となったプロジェクトを任されたときに、メンバーの一体感がプロジェクト成功に不可欠であると学んだことに起因している。ある目的の達成のために、さまざまな機能を持った部署から集められた組織では、それぞれの価値観や考え方を激しくぶつけ合ったり、互いに共鳴しあったりすることでより付加価値の高いアウ

もともと職場の基本であるコミュニケーションに強い関心をもっていた常務役員の武内裕嗣さんは、海外赴任時の経験から、組織の成長に取り組んでいかなければならないと考えるようになった。

トプットに結びつけることができる。しかしながらその実現のためには、チーム内のコミュニケーションが充分に活性化されていることが必要である。その当時、武内さんはメンバー一人ひとりとの丁寧なコミュニケーションはもちろん、メンバーどうしや、役員・関連部門の連携にも気を配り、関係者全員が同じ目的意識や価値観の共有を心掛けることで、世界初の製品を世の中に送り出す体験をしていたのだった。

　さらに、武内さんがコミュニケーションの重要性を実感したのは07年頃。初めての海外勤務でドイツに赴いたときのことだ。

　武内さんは、現地で結果を出すためには、自分の仕事に自信を

持ち、現地社員とリスペクトし合う関係づくりが欠かせないと考え、実践した。しかし「本社がまた、私たちがよく知らないマネージャを送り込んできた」と冷めた目で見る現地社員もいて、そこにコミュニケーションのギャップがあった。
「海外拠点にはさまざまな国の人がいて、考え方も一様ではない。日本から来たマネージャが、そんな集団をまとめるのは容易ではない」
　このとき武内さんは、異文化のなかでうまくコミュニケーションをとることの難しさを痛感したという。

　その後、国内に戻ると、日本の本社にも、海外勤務で体験したのと同じコミュニケーションの問題があるということに気がついた。そして、「デンソーの文化、先人が培ってきた仕事のノウハウといったものを、上の世代から下の世代へきちんと伝えるとともに、時代に応じた仕事の改革も必要ではないか」という新たな懸念が頭に浮かんだ。しかし、同時に「コミュニケーションの問題は、そう簡単に解決できるものではない」と武内さんは感じたという。

　仕事の進め方が以前と変わったことで、チーム内での仕事のノウハウ継承がスムーズに行われなくなりつつあったことも気がかりだった。
　武内さんが若い頃は、性能開発を目的とする実験をしたり図面を描いたりする機会が多くあった。こうした仕事は、周りから作

業内容が容易に確認できたので、上司や先輩からアドバイスを頻繁に受けた。図面を描いている自分の背後に立った上司から投げかけられるちょっとした言葉が、仕事の完成度を高める重要なヒントになり、あるいは抱えている問題について疑問をぶつけるきっかけになった。日々のコミュニケーションが仕事に活かされていたのである。

　ところが、実験の機会がだんだん減少し、図面を描く業務をアウトソーシングする機会が増加すると、職場のコミュニケーション量は急速に減っていった。その結果、若手は仕事の疑問を誰かに尋ねようとしなくなり、上司は上司で忙しさから若手へのアドバイスに時間が取れなくなっていった。

「コミュニケーションの問題は、真っ先に解決する必要がある」
　組織の将来に深刻な危機感を抱いた武内さんは、コミュニケーションの問題を解決して組織の成長に取り組んでいかなければならないと考えたそうだ。そんなときインパクト・メソッドと出合ったのである。

3

デンソーと
インパクト・メソッドの出合い

導入企業の社長に講演を依頼

　2012年7月頃、武内さんは、インパクト・メソッドの成功事例を紹介する書籍『実践！"元気"な開発チームをつくるマネジメント』の出版記念講演会の開催を案内するダイレクトメールを、徳田寛副社長（当時）から手渡された。書名から、組織活性化について書かれた書籍であることがうかがえた。

　武内さんはそのテーマに興味を持ち、早速書籍を入手した。するとそこには、さまざまな問題を抱えて停滞する開発チームの様子が事細かに描かれていた。

インパクト・コンサルティングが上梓した、初のインパクト・メソッド導入事例集。組織革新を成功させた3社の事例が掲載されている。

武内さんが特に気になったのは、遊戯機器用電子部品を開発・製造するオムロンアミューズメント株式会社の事例である。同社の開発部門は多数の問題を抱えていた。そのなかでもコミュニケーションの問題は大きく、深刻な品質問題を引き起こす要因になっていた。

　これに対し、同社の松並憲示社長（当時。現在は同社取締役、オムロン株式会社エレクトロニック＆メカニカルコンポーネンツビジネスカンパニー社長）はインパクト・メソッドを導入して開発チーム革新を断行。1年間の革新活動を経て、開発部門の活性化を果たした。

　武内さんは、オムロンアミューズメントの事例を自社に重ねて読み、「さらに詳しい情報を知りたい」と思ったという。

　そこで武内さんは、松並さんに話を聞こうと考えた。オムロンアミューズメントがある愛知県一宮市は、デンソー本社のある愛知県刈谷市から近い。松並さんと面識はなかったが、すぐに電話をかけて面談の約束をとりつけた。

　武内さんが松並さんと会って話をすると、組織の問題についての認識は自分とまったく同じだった。トップダウンでインパクト・メソッドの導入を進め、技術や開発だけでなく、製造から品質、営業など、幅広い部門の組織革新を短期間に実現した経緯を聞いて感心した武内さんだったが、何よりも、「従業員の幸せが会社の幸せになる」という、松並さんが社員に投げかけたメッセージに共感を覚えた。

　武内さんは、デンソーの開発現場で働く社員にもっと幸せにな

ってほしかった。多くの社員がひとりで黙々と仕事をしていて、チームワークを求めない。いつも疲れた表情の社員もいる。そんな状態を一刻も早く解消して、誰もが働き甲斐を実感できる職場を実現しなければならない。それが会社にとっても社員にとっても、あるべき姿だろう──武内さんは、そう考えていたのである。

　武内さんは「デンソーでも、全事業部にインパクト・メソッドを導入するべきだ」と発案した。そのためには、まずインパクト・メソッドのことを社内に広く知らせる必要がある。そこで松並さんにデンソー社内での講演を依頼し、快諾を得た。
　松並さんの講演は、徳田さんをはじめ、役員や各事業部長が集まるなかで開催されたが、聴衆の声は「これは絶対にいい」という絶賛と、「なぜインパクト・メソッドがいいんですか」という疑念とに、はっきりと分かれた。
　その様子をみた武内さんは、「まずは希望する部署に導入しよう」と決めた。会社が「やりなさい」と指示すれば、メンバーの間にどうしても「やらされ感」が生まれる。それでは、活動は定着しないと考えたのだ。
「やりたいと思った部署は手を挙げてください」という武内さんの呼びかけに応えて3事業部が手を挙げた。この頃、武内さんは熱事業グループ熱機器事業部の副事業部長になっていたが、手を挙げた3事業部のひとつにその熱機器事業部もあった。

開発現場を疲弊させる環境変化

　現在、自動車業界に限らず、あらゆる業種の開発現場で同じような図式の問題が起こっている。

　一般的に、開発現場の環境変化は、「プロジェクト数の急増」「開発期間の短縮」「開発目標の高度化」などといった外部環境の変化と、「複数プロジェクトの同時進行」「キャリア構成のアンバランス」「組織の巨大化と複雑化」といった内部環境の変化に大きく分けることができる。

　当時のデンソーの開発現場が直面していた問題は、こうした外部、内部の環境変化に自動車業界特有の大きなうねりが加わった、それまでに経験したこともない経営環境のダイナミックな変化に起因していた。

　国内では成熟化したといわれて久しい自動車市場だが、世界に目を向ければまだまだ成長産業であり、20年の市場規模は10年の1.5倍以上になると予測されていた。このように拡大する市場を舞台に、既存のメガサプライヤーどうしだけでなく、急成長している新興国の自動車部品メーカーを交えた大競争が起こりつつあったのである。この厳しい競争に勝ち残り、さらなる事業成長を実現させるためには、今までの仕事の進め方の延長では不可能であることは明らかだった。

　このような激しい環境変化にさらされた開発部門の職場には、さまざまな歪みが生じやすくなる。歪みが大きくなると、スペックや品質など開発目標の未達、納期遅れ、慢性的な高負荷状態、

図表3 開発現場の環境変化①

外部環境の変化

①プロジェクト数の急増
90年代以降、国内市場では消費者ニーズの多様化や製品のライフサイクルの短期化が大幅に進んだ。その結果、ある業界では以前の半分ほどの期間で新製品を市場に投入するのが当たり前になっている。企業は、このような消費構造の変化に対応する以外に経営を維持する方法はなく、開発プロジェクト数を増やさざるを得ないのが実情だ。

②開発期間の短縮
開発プロジェクト数が倍増したにもかかわらず、商品企画から量産に至るまでの期間が年を追うごとに短縮しているという製造企業やIT企業は多い。そのため品質検討の時間が十分に取れず、結果的に不具合が多発する。不具合の対処に追われることで、トータルの業務量はさらに増えるという"負のスパイラル"に陥るケースも多い。

③開発目標の高度化
品質向上や高機能化、コストダウンなどの開発目標は、新しいプロジェクトのたびに高度化する傾向にある。たとえば、「量産試作での問題ゼロ・市場クレームゼロ」「前回モデル比50％ダウン」という目標だ。開発目標の高度化が終わりなく続くことによって開発者はいつまでも達成感を得られず、"出口が見えないトンネル"にいる感覚に陥ることになる。

図表4　開発現場の環境変化②

内部環境の変化

①複数プロジェクトの同時進行

開発プロジェクト数の急増を背景に、多くの製造企業やIT企業の開発部門では多数のプロジェクトが同時進行するという状況が常態化している。それにもかかわらず人員数は以前のままという企業は多く、開発者は慢性的な高負荷状態にある。プロジェクトリーダーを兼務することも多いマネージャはマネジメントに手が回らず、負荷の増加や偏りはなかなか解消されない。

②キャリア構成のアンバランス

終身雇用、年功序列など、「日本的経営」といわれた雇用制度が崩壊した結果、多くの開発職場で、チーム内のキャリアバランスが崩れている。なかには「リーダー以外は若手と新人だけで、高度な技術と知識をもったベテランがいない」というチームもある。OJTで若手を育てるのは難しくなり、そのことが技術者の成長スピードに影響を与えている。

③組織の巨大化と複雑化

90年代後半以降、肥大化・複雑化が進んだ日本の製造企業では、各部門の部分最適が優先され、部門間の連携が難しくなっている。00年代に大きな成長を遂げたIT企業も同じ道をたどっている。そのため、本来、緊密に連携していかなければならない他部門との間に壁があると感じている開発部門のマネージャ、メンバーは多い。

スタッフのモチベーション低下など、組織に深刻なダメージを与え、現場で働く人に悪影響をおよぼす場合もある。

その結果、機能不全に陥り、業務で好結果を得られなくなってしまった組織の解決策となるのがインパクト・メソッドである。

インパクト・メソッドはプロジェクトの成功、つまり「業務成果」と、「人と組織の成長」というふたつの目標を掲げて実践する組織革新活動である。これまでに約250社の企業で、延べ2万人以上のマネージャや技術者がインパクト・メソッド活動に参加して、組織マネジメントの革新と職場風土の活性化に取り組んできた。

インパクト・メソッドの最大の特徴は、日常業務そのものを扱う活動であるということ。そのため現場が抱えている組織マネジメントの問題を素早くとらえ、短期間に職場風土や仕事のやり方を正しい方向に導くのである。

インパクト・メソッドは、図表5のように約1年間のプログラムとして実施される。デンソー熱機器事業部でも同様に、13年7月から約1年間にわたりプログラムを実施することになった。

図表5　インパクト・メソッドのフロー

□導入研修
・マネージャ研修（1～2日研修）
・立ち上げ研修（2日間研修）
・見える化研修（1日研修）

◆相談会
○マネジメント状況共有会
◆相談会
○マネジメント状況共有会
◇革新検討ミーティング
◆相談会
○マネジメント状況共有会
◆相談会
　　　　　　　　　　　︙
☆中間発表会
◆相談会
○マネジメント状況共有会
◆相談会
○マネジメント状況共有会
　　　　　　　　　　　︙
☆飛越式

1年間

6カ月程度：3つの導入研修（マネージャ研修、立ち上げ研修、見える化研修）を通じて、チームの現状共有し、マネージャ、メンバーとして仕事のやり方を変えるスタートを切る。マネージャとメンバーが仕事の状況を見せる・見る・手を打つ関係を構築することで、マネジメントの正常化とコミュニケーションの活性化、日常業務のスムーズな遂行に挑戦する。

3カ月程度：プロジェクト革新の目標を描き、具体的な課題解決のアクションを起こすことで、プロジェクトマネジメント革新とチームマネジメントのレベルアップに挑戦。

3カ月程度：マネージャ、メンバー全員がビジネスマインドを持ち、経営成果に直結する将来の自部署のありたい姿を描き、その実現に向けて挑戦行動をとりはじめる。

第1章

日常マネジメント岩盤固めで
強化されるチーム力

1

世界戦略車のエアコン設計を担当する開発チーム

**困難が予想される
世界戦略車プロジェクト**

　インパクト・メソッドの活動を推進する全体事務局は、この活動を「D-KI(Denso-Knowledge intensive staff Innovation)」と名づけた。

　2013年7月、手を挙げた3事業部のひとつである熱機器事業部のインパクト・メソッドの活動がはじまった。
「デンソーの全事業部にD-KIを導入する」という目標と比べると小さなスタートだが、それでも武内さんは大きな期待感を抱いていた。
「これまでの事例にあるように、導入部署の若手が見違えるように元気になったり、若手とマネージャが頻繁に会話するようになって職場の風通しがよくなったりすれば、自分が手を尽くさなくても自然と評判になるはず。そうなると、他の部署でもD-KIをやってみたいと思うようになるだろう」

　手を挙げた熱機器事業部の対象チームのひとつに、冷暖房技術1部第4技術室設計1課（以下・冷技1部4室1課）があった。

第1章 日常マネジメント岩盤固めで強化されるチーム力

図表1-1 デンソーの組織図（2013年３月時点）

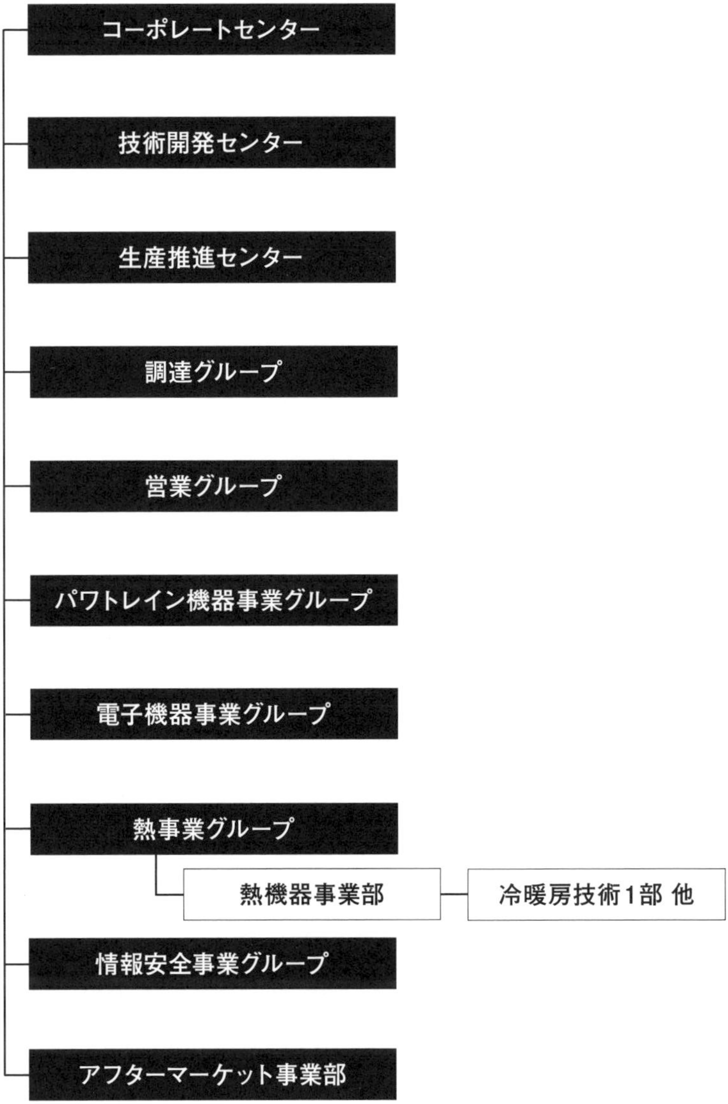

- コーポレートセンター
- 技術開発センター
- 生産推進センター
- 調達グループ
- 営業グループ
- パワトレイン機器事業グループ
- 電子機器事業グループ
- 熱事業グループ
  - 熱機器事業部 ─ 冷暖房技術１部 他
- 情報安全事業グループ
- アフターマーケット事業部

冷技1部4室1課は当時、自動車メーカーX社がグローバル市場をにらんで開発を進めていた世界戦略車のエアコンシステムの設計を担当していた。エアコンユニットやコンプレッサー、配管、ダクトなどの部品類を組み合わせ、車両として最適かつ高性能なエアコンシステムを実現するという重要なミッションを任されていた。
　X社の世界戦略車プロジェクトは、新興国市場のさまざまなニーズに応えて、高性能で魅力的な製品を開発し、迅速に供給するため、グローバルで効率的な生産・供給体制を構築するというものである。最初の車種を販売開始して以来、急速に市場を拡大し、現在では190を超す国・地域で年間100万台規模を販売している。X社にとっては、グローバル市場拡大戦略製品であり、極めて重要なプロジェクトである。

　D-KIがスタートした13年に冷技1部4室1課が取り組んでいたのは、15年に11年ぶりに全面刷新された"2代目"世界戦略車プロジェクトである。同部がX社の世界戦略車のエアコンシステムを手掛けるのは、"初代"に続いて、これが2回目ということになる。
　開発設計の立場に立ったとき、世界戦略車のエアコンシステムには大きな特徴があった。それは、他の車種に比べて圧倒的に図面が多くなるということだ。まず、車内をより快適な温度に保つ複雑なシステムが必要なため、設計する部品の点数が多い。そして世界中で展開するため、各地域に合わせた設計が必要になる。

図表1-2 冷技1部4室1課の担当製品

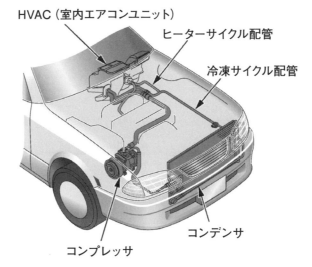

カーエアコンのシステムは、コンプレッサ、コンデンサ、コントロールデバイス、エアコンユニット部品などで構成されている。設計者には、車両として最適かつ高性能のエアコンシステムを低コストで実現することが求められる。

さらに、必ずしも道路事情がよくなく、自然環境の厳しい海外で使われることを考えて、顧客が求める水準を超える耐久性を持たせた特殊設計も要求される。

こうした事情から世界戦略車のエアコンシステムは、国内で1車種を立ち上げる場合に比べて数倍の図面を描かなければならなかった。

しかも2代目は初代よりも困難な条件が加わった。

海外の複数拠点で生産するという点はどちらも同じだが、初代が1拠点ずつ3年かけて順番に生産をはじめていったのに対して、

2代目は1年半の間に世界10拠点で生産立ち上げすることを狙っていたため、厳しくタイトな設計スケジュールが組まれていた。さらに、設計の完成度合が、生産工場など後工程での膨大な準備ややり直しに直結するため、設計現場には仕事のやり直しを最小限にするという、今までにない努力が求められた。

冷技1部を率いていたのは田口雅己部長（当時。現在は冷却事業部長）である。

デンソーがインパクト・メソッドを導入すると聞いた田口さんが真っ先に思い浮かべたのは、熱機器事業部が05年から取り組んできたKI活動だ。

KI（Knowledge Intensive Staff Innovation Plan）は、個別化しがちな研究開発者や技術開発者の日常業務を、チームワークやコミュニケーションをよくすることにより、お互いに考えていることや仕事の中身を見えるようにして生産性の向上や組織風土の活性化を図るプログラムである。90年代前半からはじまり、多くの企業、職場で導入されてきた。

デンソーも00年代前半にそれらの情報に触れる機会があり、KI活動を開始した。ところが、専門の指導を受けていなかったため、本来の目的や活動の意図に誤解が生じた。たとえば、本来ならお互いの仕事の中身を理解し、チームワークを活かしてプロジェクトを成功に導くための「業務の見える化」が、計画に対する個人個人の仕事の進捗状況をチェックする「業務の"見せる化"」に近いものになり、上司が部下をフォローする管理ツール

第1章 日常マネジメント岩盤固めで強化されるチーム力

D-KIがはじまった当時、冷暖房技術1部を率いていた田口部長。活動を通じて世界戦略車担当チームどうしの連携を促進したいと考えていた。

に変形してしまうケースが見かけられた。その結果、思うような成果は得られなかった。

　インパクト・メソッドの活動では、模造紙と付箋紙を使用した見える化に取り組むが、その表面的な手法だけをまねて独自に活動を展開しようとすると、マネジメント革新を起こせないばかりか、逆にやらされ感や管理強化といったマイナス効果を引き起こすことになる。見える化の本質を理解せずに手法だけまねるのは非常に危険なのである。

　このとき、田口さんは「当時のKI活動では思うような成果を上げられなかったが、専門の指導を受けてKIを学びなおすことができれば業務効率を向上させることができるのでは」と考え、

「その先導役を冷技1部で果たしたい」と思う一方で、「やらされ感が生じて効果が限定的になるのではないか」という不安を抱えていた。

ところが、D-KIのスタートに先立ち実施された説明会に参加した田口さんは、これからスタートする活動の内容を聞いて誤ったイメージを持っていたことに気づいた。

今回のD-KIも、プロジェクトマネジメントを効率化するためのツールを使いこなすことが活動の主目的だと思っていたが、実際はチームの状態をよくしてチームの成長を図るプログラムに取り組むことになるということがわかったのだ。

**2チームの一気通貫が
部長の思い**

インパクト・メソッドに関心を持った田口さんは、この活動が冷技1部4室1課のなかにある、世界戦略車担当チームの連携促進につながるのではないかという期待を抱いた。

冷技1部4室1課は、田口さんの下に若林晃次室長、浜中洋次課長がいて、その下に世界戦略車を担当するチームがふたつある。ひとつのチームは開発委託の長期業務出張というかたちをとり、自動車メーカーX社内で仕事をしている。もうひとつのチームはデンソー本社内で仕事をしている。

浜中さんは両方のチームを見る立場にあるが、基本的にデンソー本社でチームの指揮を執っている。これに対してX社に出張してプロジェクトを回していたのは小笠原隆司担当課長（当時。現

図表1-3 冷技1部4室1課の組織図（2013年7月時点）

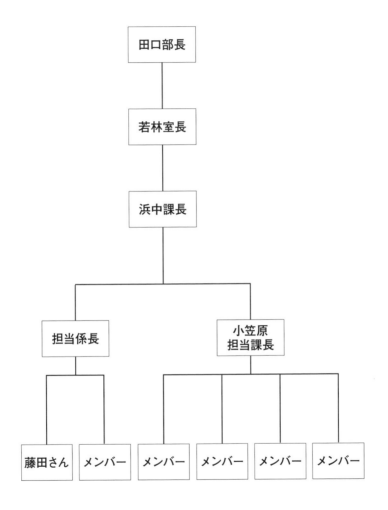

在は冷暖房技術1部第4技術室設計2課長)である。

　仕事の流れを説明するとこうなる。
　まずX社側チームが、X社の社員とともに車両のエアコンシステムの設計仕様を決め、設計の意図を盛り込んだ全体レイアウト計画図を描く。それを部品別にバラしてデンソー側チームに依頼し、デンソー側チームでは、その部品の性能、コスト、製造要件を検討し、詳細設計をして図面化を進めていく。つまり、開発工程の上流にいるX社側が仕事の出し手となり、下流にいるデンソー側チームが仕事の受け手になるかたちで仕事が進むことになる。
　2チーム体制を取っているのは、車両エアコンシステムの完成度を上げるためであり、開発リードタイムの短縮やコスト削減にもつながっている。また、自動車の製造にはさまざまな部品メーカーが関与するため、お互いの部品にとって車室内やエンジンルーム内に最適な空間を確保する必要がある。そのためにも、X社の担当者と密に連絡を取り合う必要があった。
　しかし本拠地を別にする2チーム体制には、チーム間のコミュニケーションが思い通りにとれないというデメリットもあった。それがひとつの原因となって、やり直し作業が発生していた。X社から渡された図面をデンソー側チームが製品の設計図に仕上げてX社に返すのだが、これが一度で終わらずに二度三度のやり取りを余儀なくされるケースが存在していたのである。
　業務分析を実施し、掘り下げると、X社側チームがよりよい車づくり、デンソー側チームがよりよい製品づくりを心掛けている

図表1-4 世界戦略車担当チーム工程図

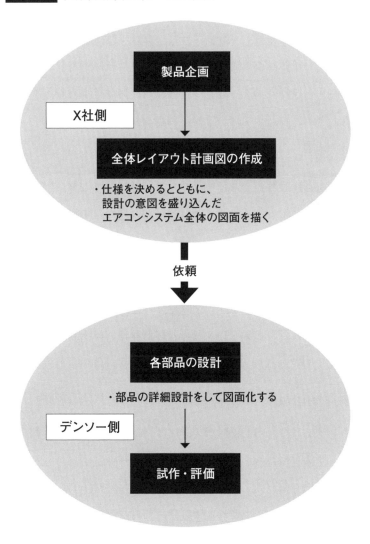

というわずかな意識の違いが、仕事の方針や達成手段に若干のズレを生じさせ、やり直しの原因になっていることがわかってきた。

そこで田口さんは、X社側とデンソー側というふたつの組織に分かれていた体制を見直し、各プロジェクト（車種やプラットフォーム）ごとに分けて、X社側とデンソー側をひとつのマネジメントで通す1チームの体制を組む組織に変えようと考えた。

多くの課題が想定されたが、効率向上とともにチーム内のモチベーションと達成感が向上する可能性が高いことも、業務分析の結果から推察できた。そこで全室長と一部の課長を集め、組織変革プロジェクトを立ち上げて議論を重ね、新たな組織のかたちを13年1月にスタートさせた。

こうした背景から、田口さんはD-KIに参加することによって、組織変革をやりきりたいと考えていたのである。

田口さんは、新たな1チーム体制を「一気通貫」と表現した。設計スケジュールが厳しいX社の世界戦略車の生産立ち上げは目前に迫っている。田口さんにとって、「一気通貫」は絶対に実現したいチーム像だった。

そしてもうひとつ、田口さんがインパクト・メソッドに期待することがあった。

昔、田口さんの部下に、仕事をひとりで抱え込むタイプの人がいた。ひとりでずっと頑張っていたが、最後の最後で限界が来てしまった。

田口さんにはそんな苦い経験があったので、チームの状態をよ

くしてチームの成長を図るインパクト・メソッドによって、慢性的な組織の課題を解決できるのではないかと考えたのだ。

「デンソーの社員は基本的に真面目で責任感が強いので、個人商店化しやすい」と田口さんは語る。

　放っておくと仕事を抱え込んでしまいがちで、孤立して辛い思いをする社員をなくしたいという思いもあったのだ。

2

導入研修で浮き彫りになる世界戦略車担当チームの課題

**職場の問題・課題に対する
マネージャの思いを表明する**

　インパクト・メソッドの活動は、「マネージャ研修」をはじめとする導入研修からスタートする。D-KIのマネージャ研修は13年6月29日に実施された。

　マネージャ研修は、その名称の通りマネージャを対象とした研修だ。マネージャ、メンバーが全員で活動に取り組む前に、まずはマネージャが、「どうしてインパクト・メソッドの活動に取り組む必要があるのか」「インパクト・メソッドは自部署の問題に対して何が有効なのか」などの活動の趣旨を理解し、腹落ちすることによって、マネージャとしての心構えを醸成することを狙いとしている。

　世界戦略車担当チームからは若林さんと浜中さんがマネージャ研修に参加した。

　若林さんは、インパクト・メソッドの活動に参加するチームの募集があったとき、「ワラをもつかむ思い」で立候補した。

　若林さんは、田口さんと同じようにX社側チームとデンソー側

図表1-5 導入研修のプログラム

①マネージャ研修（1〜2日研修）
対象職場のマネージャをはじめ、開発担当役員や部長が参加する。

②立ち上げ研修（2日間研修）
幹部マネージャから新入社員まで、対象職場に所属する全員が参加する。

③見える化研修（1日研修）
対象職場のマネージャとメンバーが参加して実施される。

チームのコミュニケーションの悪さを改善できないかと考えていた。たとえば、メンバーどうしの電話のやり取りや、会議での会話を聞いていると、「そんなことは聞いていない」という言葉や「考えていたのと違う」といった言葉がたびたび行きかい、会話が噛み合っていないことが気になっていた。
「メンバー間で仕事のアウトプットイメージが違っているのではないか」
　若林さんは、仕事のやり直しが発生する原因は、チーム内のコミュニケーションやチームワークのあり方にあるのではないかと考えていたのである。
　今まではやり直しが発生しても、派遣設計者の応援を依頼するなどして何とか納期に間に合わせてきたが、今回の世界戦略車プロジェクトでは同じようにはいかない。しかも、13年の秋口に

は、これまでに例を見ない300枚という大量の設計図の出図を控えていた。
「現在のチーム状況では、この山場は絶対に乗りきれない」
　そんな強い危機感を抱いていた若林さんは、D-KIによってコミュニケーションやチームワークをよくし、やり直し作業が出ないチームに成長させたいと真剣に考えていた。
　ただし、インパクト・メソッドを導入すればメンバーに負荷がかかると聞いていたので、課長と意思を統一する必要があると考えた。そこで、浜中さんに相談すると、浜中さんからは「やってみましょう」という返事が戻ってきた。
　強い思いでマネージャ研修に参加した若林さんだったが、インパクト・メソッドがどれほどの効果をチームにもたらすことになるのか、不安がなかったわけではなかった。しかし、マネージャ研修の最初に実施された弊社のコンサルタントの講義を聞いて、その不安は解消されたという。いつも自分が持っていた問題意識が、開発現場が抱える「職場の3大慣習※」として、すっきりまとめられていたからである。職場の3大慣習とは、好結果を生まない職場に共通する「まずい仕事のやり方」のことである。

　講義に続き、自部署の組織構成や業務特性などを整理し、現在抱えている問題・課題※と、これからどのように変わっていきたいかという「ありたい姿」を洗い出すワークが実施された。
　このワークで若林さんと浜中さんは、チームの問題・課題を「意識」「知識」「組織」という3つの側面で整理した。すると、

※職場の3大慣習

①コミュニケーション不全
仕事の授受にかかわる上司と部下とのコミュニケーションに問題があり、業務に支障をきたす要因になっているにもかかわらず、それが当たり前になっている状態。「過去の結果の追求に所要時間の大半を費やすミーティング」「参加者どうしの意見交換がされず、それぞれの知恵が活用されない会議」「上司による一方的な確認、支持、命令に終始する、上司と部下の対話」などはコミュニケーション不全の典型例といえる。

②個人商店化
複数の人で業務を担当するのではなく、誰かひとりに割り振られると、担当者はひとりで考え、ひとりで作業することになる。このような業務分担がきっかけで、メンバーがそれぞれ周囲から孤立して仕事を進める状態になることを個人商店化と呼ぶ。個人商店化した職場では開発の進捗が個人の能力に依存することになると同時に、チーム内の業務状況が不透明になり、納期遅れやトラブル対処への遅れなどが常態化することになる。

③あいまいなスタート
部下が理解し納得するまで説明する努力を上司が怠り、仕事の進め方や注意点、プロジェクト進行上のポイントの説明がなされない「丸投げ」状態のまま仕事をスタートすること。どんな成果を求めているのかというゴール像すら示されないというケースもある。あいまいなスタートは、マネジャによる「やってほしかったことと違う」という「あと出しじゃんけん」のやり直し指示の多発につながり、さらにメンバーのモチベーション低下という結果につながる。

※問題・課題の区分け

インパクト・メソッドでは、「問題」と「課題」を区別して使用している。「問題」とは、「現時点ですでに発生している解決すべき事象」であり、「課題」とは「未来に発生すると予測される解決すべき事象」である。たとえば現在進行中のプロジェクトに関して、「Aさんが過重負荷の状態にある」というなら、それは解決すべき問題ということになる。一方、「今後、Aさんが過重負荷に陥ることが予測される」というなら、それは解決すべき課題ということになる。

冷暖房技術1部第4技術室室長の若林さん。X社側チームとデンソー側チームのコミュニケーションを改善したいと考えていた。

　世界戦略車担当チームが抱える問題・課題が、初めてはっきりと示された。
　チームが新しい次元に到達するために、意識面ではメンバーの仕事に対する責任感や、短納期実現への意識をさらに高める必要性があぶりだされた。知識面では、メンバー間で経験やスキルの違いがあり、仕事の出し手のあいまいな指示も仕事のやり直しの原因となっていることが浮かび上がった。そして組織面では、担当業務の負荷に偏りがあり、仕事のやり方が個人商店化しているためチームワークを発揮できない様子もわかった。
　改めて、世界戦略車担当チームには「コミュニケーション不全」「個人商店化」「あいまいなスタート」の3大慣習が存在する

図表1-6 3つの側面で整理された世界戦略車担当チームの問題・課題

意識

- 緊急案件やチェックシートの量が多く、書類の納期が優先されている

- 課題処置が表面的なパッチあてで、根本的な対策が取れていないため、やり直しが発生している

- 過去に課題は上司などが解決してくれたので、無理をしてやりきらなくてもいいと思っている

知識

- 業務経験年数の長いベテランが揃っているものの、業務経験の幅の問題もあって、スキル差が存在する

- 業務指示をする側もあいまいな指示が多く、途中経過の確認もないため、まったく意図と異なるアウトプットが出てくる

- デンソー製品に限らず、X社製品（車両）の知識がないと、交渉がスムーズに進まない

組織

- 負荷に偏りがあり、全員で協力、補完できる体制が取れていないため、特定の人に負荷が集中する

- 担当業務が個人商店化されていて、各担当とX社の部署とのやり取りの中身が見えない

- 指示はするものの、コミュニケーション不全のため、担当業務の課題が明確化しない

図表1-7 世界戦略車担当チームのマネージャが「実現したいこと」

①相互理解のための
　コミュニケーションが
　少ない
→ コミュニケーションを増やし相互信頼を築いたうえで、業務で困ったときには相談でき、チームでサポートできる体制をつくり上げる

②目先の課題や業務に
　追われ、日程、課題の
　全体像を大枠で
　つかみきれていない
→ 全体像、ゴールを明確に
意識したうえで、
日程を逆算したとき、
今何をすべきかを考えて行動する

③自分の使命、役割、
　担当業務が、明確に
　認識できていない
→ メンバーに、何を目標に業務を
進めるのかを腹落ちさせたうえで、
日々の業務が前もって
決まっている状態を実現する

④やりきるという意識、
　モチベーション、
　こだわりが足りない
→ 日々の小さな業務のなかで、
やりきって達成感が持てる
業務を経験させる

⑤上司と部下で
　教える教えられる関係が
　足りない
→ リーダーとメンバーが
日々のコミュニケーションを通じて
ＯＪＴを実現する

ことが明らかになったのである。

　問題・課題を出した後は、それを図表1-7のように5つの項目に整理し、それぞれに対して、マネージャが実現したいことを示した。

　問題・課題④のように、一見、メンバーに責任がある項目についても、メンバー任せにするのではなく、マネージャ自身の責任としてとらえ直した。そして、積極的にメンバーのなかに入り込み、マネージャとしての役割を果たしながら解決することを確認した。

吐き出しは手書きだからいい

　マネージャ研修に続いて、7月9、10日に「立ち上げ研修」が実施された。

　立ち上げ研修は、幹部マネージャからメンバーまで、対象となる部署の全員が参加する研修だ。プログラムは2日間にわたり、そのなかでインパクト・メソッドの考え方を理解し、日常マネジメントにおいてインパクト・メソッドをどう活用するかを学ぶことになる。

　立ち上げ研修1日目は担当コンサルタントの講義からはじまる。続いて「吐き出し」を実施し、その内容をもとに「マネジメント・スタイル図」※と「コミュニケーション状態図」※を作成する

※マネジメント・スタイル図

立ち上げ研修で作成する、職場のマネジメントの現状を描き表した図。「吐き出し」をもとに、メンバー全員で職場のマネジメントの現状を考え、絵で表現する。職場マネジメントの一場面を比喩的に表現した絵によって、マネージャとメンバーが認識を共有できる。

ことになる。

　吐き出しは、日頃の問題意識や不平不満を一人ひとりが付箋紙に書き出して模造紙に貼り付けていき、全員で現状を認識するワークである。徹底的に本音を引き出し、「職場の現実」を明らかにすることが目的である。

　このとき、「自分のことは棚に上げて『他責モード』で意見を言うように」とインパクト・メソッドではアドバイスしている。腹にためていることを本音でぶつけあう場なので、この場では痛烈な上司批判も許される。

　ちょうど、ビジネスパーソンが仕事帰りに同僚と連れ立って居酒屋に飲みに行き、職場のグチをこぼしたり上司の批判をしたりするようなものだ。だから、インパクト・メソッドでは吐き出しを「昼間の赤ちょうちん」と呼んでいる。

　吐き出しでは「急な仕事が多い」「言ったことに責任をとってほしい」「指示がコロコロ変わる」「人が足らない」「情報をくれない」など、日頃から不満に思っていることや困っていることが続々と出てくる。

　周囲に遠慮して本音が出てこない場合もあるが、それでは問題点を見誤り、その後の活動に悪影響をおよぼすことになる。したがって、鋭い本音が多く出たチームほど、その後の良好な変化が期待できることになる。

※コミュニケーション状態図

立ち上げ研修で作成する、職場のコミュニケーション状態を描き表した図。「吐き出し」をもとに、メンバー全員で職場のコミュニケーションの現状を考え、1枚の図に表す。

この吐き出しの内容をもとに、チーム全員で相談しながらマネジメント・スタイル図とコミュニケーション状態図を描いていく。深刻な状況も明るく楽しく描けば、前向きなパワーが生まれてくる。この「明るく楽しく」をモットーに、マンガ風のユーモラスな表現を考えることになる。
　これら2枚の絵には、仕事のやり方やマネジメントの盲点、マネージャのマネジメント・スタイルといった"現場の現実"が表現される。マネージャにとって、メンバーのアウトプットは自分の姿を映す鏡ともいえる。

　立ち上げ研修の2日目は、マネージャチームとメンバーチームが、それぞれ別のワークに取り組む。
　マネージャチームはメンバーの吐き出しが書かれた付箋紙を1枚1枚しっかりと読み込み、メンバーの目線に立ってチームの問題・課題を整理する。また、仕事の段取りコミュニケーション（段コミ）を推進していくためのコミュニケーションイベントの計画化に取り組む。
　段コミとは「段取り」と「コミュニケーション」を合わせた言葉であり、「仕事の段取り」をマネージャとメンバーが話し合って決めるミーティングのことである。仕事の段取りといっても、さまざまな事柄が考えられる。計画を実行に移すために段取りを話し合うことや、プロジェクトや業務の進め方に関係することはもちろん、技術的な問題・課題、あるいはマネジメントに関する問題・課題の解決方法も段コミのテーマとなる。チーム全員が参

加して、見える化共有を図りながらワイガヤ方式（ワイワイガヤガヤとオープンに話し合うこと）で話し合うことで、問題・課題の早期解決が期待できる。

　一方、メンバーチームは、現在使用している計画帳票をもとに仕事の流れを整理、分析することによって、仕事のやり方やマネジメントの仕方の問題・課題に対する認識を深める。

　立ち上げ研修1日目、世界戦略車担当チームは、メンバーチームとマネージャチームに分かれ吐き出しに取り組んだ。

　浜中さんはインパクト・コンサルティングが出版した『開発チーム革新を成功に導くインパクト・メソッド』と『アナログコミュニケーション経営』の2冊を読んで立ち上げ研修に臨んでいた。『開発チーム革新を成功に導くインパクト・メソッド』は、インパクト・メソッドの基本的な考え方と有効性についてまとめた書籍。『アナログコミュニケーション経営』は、マネジメントの入口であるコミュニケーションの重要性にフォーカスし、模造紙や付箋紙

2009年刊行の『開発チーム革新を成功に導くインパクト・メソッド』（右）と2013年刊行の『アナログコミュニケーション経営』（左）。

第1章 日常マネジメント岩盤固めで強化されるチーム力

冷暖房技術1部第4技術室設計1課課長の浜中さん。強力なリーダーシップを発揮し、世界戦略車担当チームのD-KIを引っ張っていくことになる。

への書き出しなど原始的ツールで見える化を行い、Face to Face、双方向、ワイガヤでコミュニケーションをとるアナログ的手法がマネジメント革新において重要であることを解説した書籍だ。

　その内容に浜中さんは、「このデジタル一辺倒の時代に、それもデンソーの設計開発の総本山である職場に、模造紙や付箋紙に書くというアナログな手段が有効なのか」と驚いたという。海外赴任時代に絵やチャートで意思疎通するなど、アナログ手法でチームマネジメントをした経験を持つ浜中さんだったが、それを日本で実践することになるとは考えていなかったのだ。

　ところが、吐き出しのなかでアナログ手法を体験してみると、

図表1-8 吐き出しボード

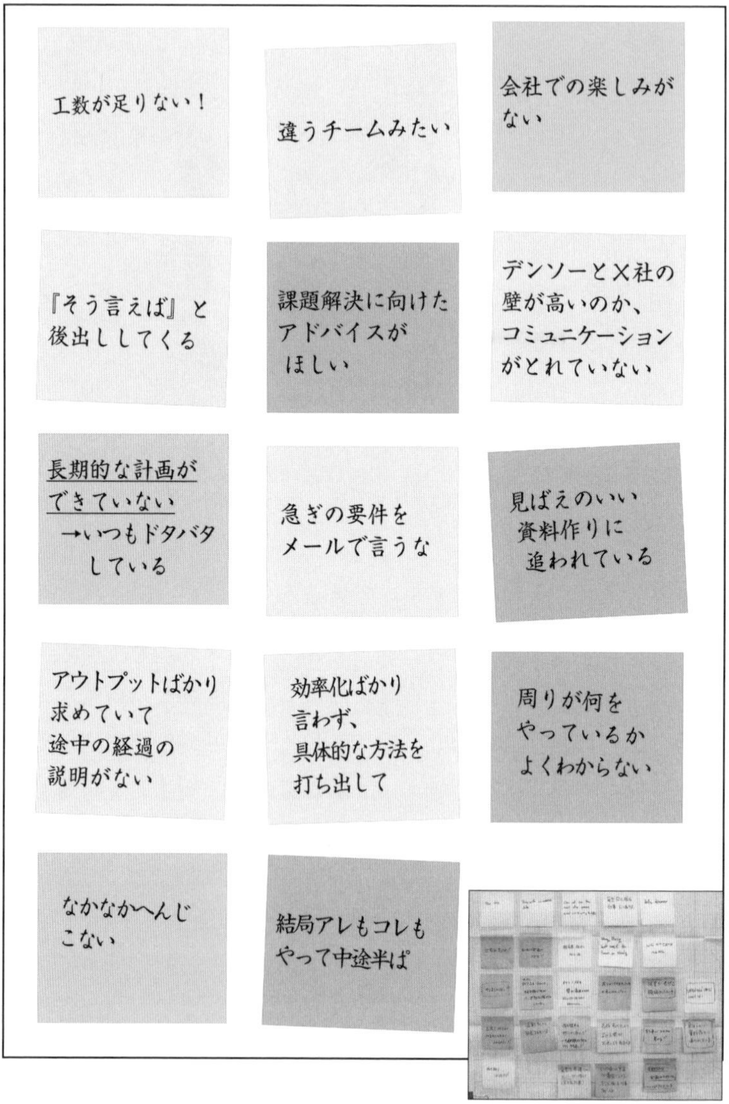

- 工数が足りない！
- 違うチームみたい
- 会社での楽しみがない
- 『そう言えば』と後出ししてくる
- 課題解決に向けたアドバイスがほしい
- デンソーとX社の壁が高いのか、コミュニケーションがとれていない
- 長期的な計画ができていない →いつもドタバタしている
- 急ぎの要件をメールで言うな
- 見ばえのいい資料作りに追われている
- アウトプットばかり求めていて途中の経過の説明がない
- 効率化ばかり言わず、具体的な方法を打ち出して
- 周りが何をやっているかよくわからない
- なかなかへんじこない
- 結局アレもコレもやって中途半ぱ

こうした違和感はたちまち消えた。

　浜中さんは自分の思いを付箋紙に書き出していくうちに、手書きのよさを再認識したのである。思いつくままに書いていると、モヤモヤしたものがはっきりしてくる。パソコンで書くときのように思考が途切れることがない。書けば書くほどアイデアが膨らんでいく感覚なのだ。パソコンでデジタル的に文章や表をつくるとどうしても作業になってしまうが、手で書くと作業を超えて創造的な活動になる。「やはりアナログはいい」と思った。

　特に付箋紙には短い言葉で書き込むことになるので、長い文章のように修飾語がついて内容がぼやけてしまうことがない。浜中さんは、短い言葉で真意をずばりと表現できる付箋紙が気に入った。

チームの危機を表した「1危2艦」

　浜中さんたちが吐き出しをしている間、メンバーもまた吐き出しの作業に臨んでいた。そこで書き出されたメンバーの不平不満を後で目にした浜中さんはショックを受けた。

「アウトプットばかり求めていて途中の経過の説明がない」
「急ぎの要件をメールで言うな」
「効率化ばかり言わず、具体的な方法を打ち出して」
「『そう言えば』と後出ししてくる」
「会社での楽しみがない」

メンバーの吐き出しによって、マネージャが指示するときに適切なプロセスを欠いていることや、メンバーの気持ちがよくわかっていないことが明らかになった。チーム活動になっていないという現実を突きつけられたのである。
　メンバーが描いたコミュニケーション状態図からもチームワークの悪さが理解できた。
　その図には、デンソー側チームのリーダーとX社側チームのリーダーのアウトプットイメージが合わず、激しく議論する様子が描かれていた。メンバーが傘をさしているのは、その議論に参加できず、トバッチリが怖いので身を隠していることを意味している。田口さんが求めている一気通貫からはほど遠い状態だ。
　浜中さんはメンバーの胸の内を知り、「自分は一生懸命、彼らに伝えたり、説明したりしていたつもりだったが、彼らの立場になってみると伝わっていなかったのだ」と反省した。
　そして、重要と思える吐き出しには赤いマーカーで囲みをつけた。
　最も気になったのは、「会社での楽しみがない」という吐き出しだ。
「作戦が立てられていないとか、メンバーとの定期的なコミュニケーションで軌道修正ができていないとか、成長機会を与えていないとか、そういうことが積もり積もって、『会社での楽しみがない』という言葉になっているのだろう」と浜中さんは理解した。
　浜中さんのショックは大きかったが、同時に「メンバーの不平不満がはっきりしたことは、自分にとってはラッキーだ」と思っ

図表1-9 コミュニケーション状態図（激しい議論の図）

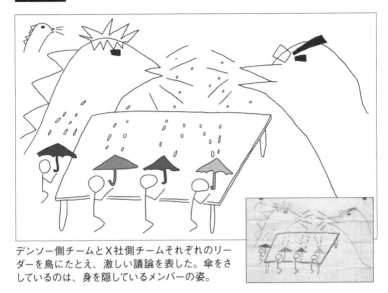

デンソー側チームとX社側チームそれぞれのリーダーを鳥にたとえ、激しい議論を表した。傘をさしているのは、身を隠しているメンバーの姿。

た。

　ふだん職場にいて、このような本音を聞く機会はあまりない。年に1、2回、マネージャとメンバーの面談があるものの、そういう場でメンバーが本当のことを言うことはまずないだろう。

　浜中さんは、D-KIの研修を通じて「メンバーの本当の気持ち」に気がつくことができた。だから、ラッキーだと思ったのである。

　メンバーが描いたマネジメント・スタイル図からは、マネージャが本来の仕事ができていないことが明確になった。
　タイトルは「目指せGOAL!! − GoGo 本社丸＆X社丸 −」だ。

これまで浜中さんは、プレイングマネージャとしてトラブルが発生するたびに火消しに奔走し、コミュニケーションの促進やチームワークをつくる仕事が不十分になっていた。加えて、メンバー個人の成長と組織の成長のための手もまったく打てていなかった。そんなチームの危うさが、この図に描かれていた。
　冷技1部4室1課のメンバーが、デンソー側の「本社丸」とX社側の「X社丸」の2艘の船に分かれて乗っている。どちらの船にも水が入り、船腹には穴が開いていて、本当にゴールまでたどり着くのか、心もとない状態だ。
　メンバーが描いたこの2艘の船の絵に対して、浜中さんや小笠原さんらのマネージャチームから出てきたマネジメント・スタイル図も偶然、2艘の船を描いた絵であった。タイトルは「1危2艦」である。もちろん田口さんの念願である「一気通貫」をもじっている。
　浜中さんは、メンバーチームから出てきた絵と、マネージャチームから出てきた絵がかなり似ていることから、「お互いが課題と思っていることが同じだということだろう。しかし、長い間、それを放置してしまったのだ」ととらえた。

個人商店は悪くないという価値観

　メンバーの絵もマネージャの絵も、世界戦略車担当チームが完全にふたつのチームに分かれていて連携がうまくいっていないことをよく表現している。
　また、小笠原さんがひとりで頑張っている様子が描かれている

第1章 日常マネジメント岩盤固めで強化されるチーム力

図表1-10 マネジメント・スタイル図（GOGO本社丸）

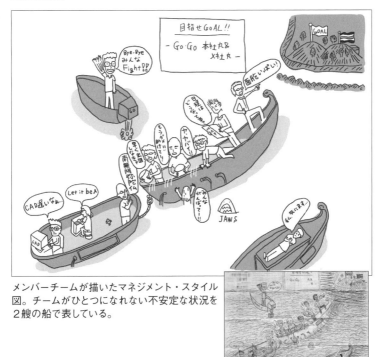

メンバーチームが描いたマネジメント・スタイル図。チームがひとつになれない不安定な状況を2艘の船で表している。

のも共通点だ。そこには小笠原さんのマネジメント・スタイルそのものが表れていた。

10年前、小笠原さんは"初代"世界戦略車のエアコンシステムの設計を経験している。そのときも厳しいスケジュールのなかプロジェクトが進んだが、小笠原さんと先輩、歳下の後輩の3人体制で乗りきった。3人とも係長で、課長なしのチーム。指示はX社から降りてくる。小笠原さんはエンジンルーム、後輩が室内、

図表1-11 マネジメント・スタイル図（1危2艦）

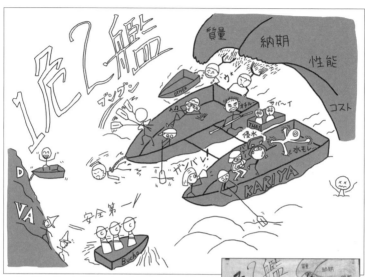

マネージャチームが描いたマネジメント・スタイル図。2艘の船でチームの危うさを表わすという趣旨は、メンバーチームの図と奇しくも同じだった。

先輩が全体のまとめという、完全分業の体制だった。

　そのとき、小笠原さんは他のふたりが何をやっているかを一切知らず、自分の仕事だけに打ち込んでいた。3人ともある程度技術を積んでいるメンバーだったため、それぞれがプロフェッショナルな仕事をすれば、当時としては必要十分な品質のアウトプットを得られた。だから、3人でコミュニケーションを取る必要性を感じることはなく、むしろ時間がもったいないと考えていた。

第1章 日常マネジメント岩盤固めで強化されるチーム力

冷暖房技術1部第4技術室設計1課の担当課長だった小笠原隆司さん。"初代"世界戦略車プロジェクトを経験した数少ないひとりだ。

　小笠原さんは誰よりも早く出社し、誰よりも遅くまで居残って仕事をこなし、自分が担当する大量の出図をやりきった。その仕事のやり方を「個人商店」と言われようが、ひとりで乗りきった自負があるし、ひとりで担当したからこそ強い責任感を持つことができたと思っていた。
　このような原体験を持つ小笠原さんにとって「仕事は自力でこなすもの」であり、コミュニケーションやチームワークに関する意識は低かったのである。

　加えて、田口さんが不安を抱えていたように、以前の経験からKI活動にいいイメージを持っていなかった。小笠原さんは、本

図表1-12 小笠原さんのD-KI前の考え方

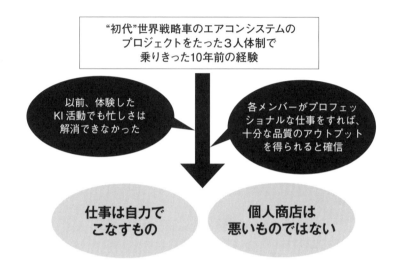

来のKIは意義のある活動だと思っていたが、デンソーで展開されていたKI活動は別物だと感じていたのである。

当時、小笠原さんが「こんなに大変です」「助けてください」とKI活動の一環で実施しているミーティングでいくら訴えても、返ってくるのは「頑張れよ」のひと言だけ。本来は、業務の偏りをなくし、チームワークで仕事を進めていくのがKI活動であるはずなのに、まったく見当はずれの活動になっていた。だから小笠原さんは、個人商店を脱してチームで仕事を進めたいとは思わなかったのである。「一気通貫」も、本心では必要ないと思っていた。

小笠原さんは、「どのメンバーも十分な能力は持っているのだ

から、業務指示を出しさえすれば、あとはきちんと仕事を進められるはず。大事なのは一人ひとりが責任を持って仕事をやり抜く気持ちだ」と考えていたが、一方で、メンバーには何よりも「楽しく仕事をしてほしい」と願っていた。だから、納期内に仕事を完了できなかったメンバーに物足りなさを感じながらも、自分は大変な思いをしてもメンバーには有意義なプロジェクトを経験させたいと努めていた。

　たとえば、小笠原さんは世界戦略車プロジェクトだけでなく、別のプロジェクトも担当していたので、いつも高負荷な状態にあったが、メンバーには決して自分の仕事を振り分けなかった。後日、小笠原さんは「自分の仕事量が増えて負荷が高くなることは苦ではない。しかし、人のケアは苦手だった」と語っている。

　こうした小笠原さんのマネジメント・スタイルは、チームが新しい次元に到達するために好影響をおよぼさなかった。自分の信念に従ってメンバーに仕事を任せっきりにしたのはいいが、仕事の進捗状況を把握していなかったために、期日間際になって行き詰ったメンバーから助けを求められ、小笠原さんが火消しに奔走しなければならない事態がいろいろなところで起きていたのである。

問題・課題を明確にする
見える化

　立ち上げ研修から５日後には「見える化研修」が実施された。
　インパクト・メソッドの活動では、見える化ツールを積極的に

活用することになる。そこで通常は、立ち上げ研修から1週間以内に見える化研修を実施する。

　研修では、立ち上げ研修の2日目にメンバーチームが明らかにした、仕事のやり方やマネジメントの仕方の問題・課題をマネージャとメンバーとで共有し、解決可能な問題・課題について解決方法の見える化を検討する。

　冷技1部4室1課の見える化研修では、「業務の負荷が偏っている」「個人個人で思っていることが違う」など、現在のチームが抱える問題・課題が明確になり、それに対して「ゴールから考えると頭が回る」「アウトプットイメージは絵や物を使って伝えたい」「コミュニケーションを密にとらないといけない」「問題・課題解決はチーム全体で行う」など、問題・課題を解決するための方針や行動指針が出てきた。

　また、マネージャチームは、メンバーの吐き出しを深掘りしてマネジメントの問題・課題を見つけ出し、見える化する。そして、その問題・課題をどう変えていけばいいか検討する。

　若林さんは「マネージャどうしのベクトル合わせがもっと必要だ」として、浜中さん、小笠原さんら課長と日々、コミュニケーションをとっていくことを宣言した。浜中さんは「日々の業務で手いっぱいでマネジメントの時間がない」として、日々の業務を分析するとともに、自らの時間をつくり出す工夫をする方向性を示した。小笠原さんは現実的な課題に対する意識が強く、「突発業務に対して手を打つ必要がある」と述べた。

マネージャが抽出した課題を総合してみると、現状では「マネジメントの手が打てていない」状況にあり、計画業務の進捗や、突発業務の発生に対して、日々手を打つ必要があるという結論が導かれた。

　見える化は、仕事のやり方を変えていくため基本である。3大慣習のうちの、あいまいなスタートを解消するために不可欠なのはもちろん、お互いが思っていることを可視化することによって、「言っただけ」「聞いただけ」にならないようにするというように、コミュニケーション向上にもメリットがある。さらに、お互いの業務や計画を明確にすることは個人商店の解消につながる。
　見える化は研修で学んだだけでは身につかない。日常業務のなかで、どうすれば問題・課題の解決につながる見える化ができるかを考えて実践することが必要だ。

3

世界戦略車担当チームが
めざす3つの革新

**職場の3大慣習を
解消する**

　導入研修を経て、世界戦略車担当チームのD-KIは本格的にスタートした。同チームがめざすのは、「プロジェクトの成功」と「人と組織の成長」である。
「プロジェクトの成功」とは、開発プロジェクトが狙い通りの結果を生み、事業成果が実現されることである。「人と組織の成長」とは、マネージャとメンバーの能力がプロジェクトの成功を実現するのに十分なレベルまで高まり、組織として力を発揮できる状態になることである。そのためには能力のレベルアップはもちろんのこと、仕事のやり方やマネジメントの仕方に関する価値観を変えることが必要である。

　インパクト・メソッドでは、「プロジェクトの成功」と「人と組織の成長」を実現するための活動展開を、「日常マネジメント岩盤」「プロジェクト岩盤」「ビジネス岩盤」という3つの段階で考えている。活動の初期段階では日常マネジメント岩盤の形成に取り組み、期待通りの成果を生み出せる岩盤が確認できたら、次の

第1章 日常マネジメント岩盤固めで強化されるチーム力

図表1-13 3つの岩盤

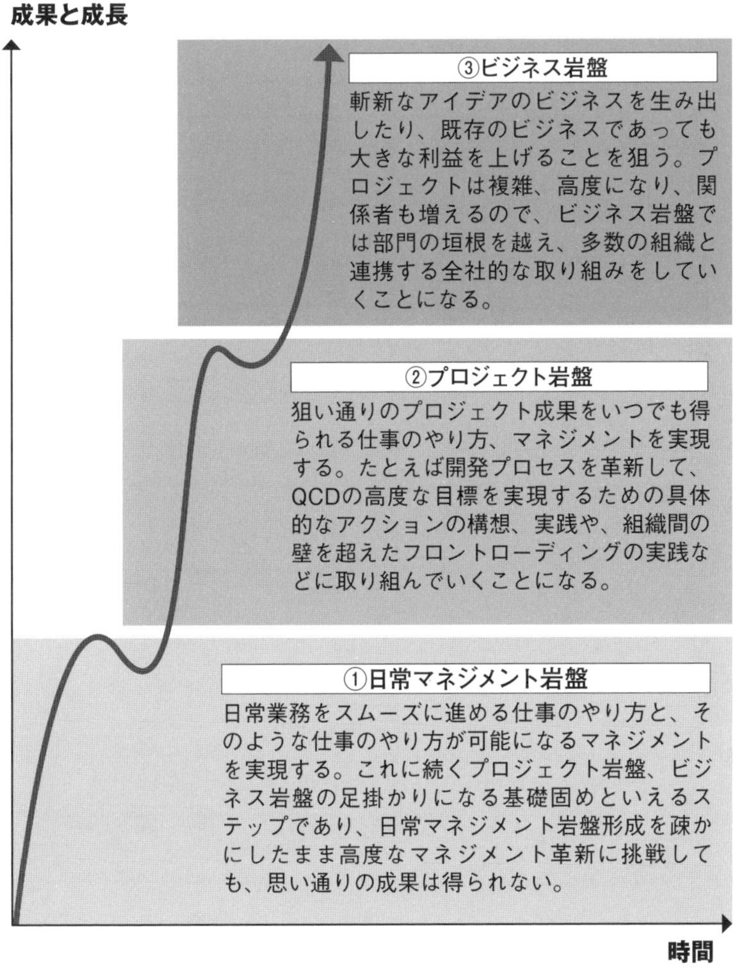

成果と成長

③ビジネス岩盤
斬新なアイデアのビジネスを生み出したり、既存のビジネスであっても大きな利益を上げることを狙う。プロジェクトは複雑、高度になり、関係者も増えるので、ビジネス岩盤では部門の垣根を越え、多数の組織と連携する全社的な取り組みをしていくことになる。

②プロジェクト岩盤
狙い通りのプロジェクト成果をいつでも得られる仕事のやり方、マネジメントを実現する。たとえば開発プロセスを革新して、QCDの高度な目標を実現するための具体的なアクションの構想、実践や、組織間の壁を超えたフロントローディングの実践などに取り組んでいくことになる。

①日常マネジメント岩盤
日常業務をスムーズに進める仕事のやり方と、そのような仕事のやり方が可能になるマネジメントを実現する。これに続くプロジェクト岩盤、ビジネス岩盤の足掛かりになる基礎固めといえるステップであり、日常マネジメント岩盤形成を疎かにしたまま高度なマネジメント革新に挑戦しても、思い通りの成果は得られない。

時間

インパクト・メソッドでは、1年間の活動を上記の3つのフェーズで考えている。目安として、活動スタートから4カ月～半年で日常マネジメント岩盤形成の段階を突破してプロジェクト岩盤形成のフェーズに入る。次の半年以内にプロジェクト岩盤形成に到達し、ビジネス岩盤形成のフェーズに入ることをめざす。

プロジェクト岩盤の形成に取り組む、というステップになる。

　世界戦略車担当チームも、まず日常マネジメント岩盤をつくるところから着手した。この段階で大きな目標となるのが、職場の３大慣習の解消だ。

　ここまでも説明してきたように、コミュニケーション不全、あいまいなスタート、個人商店化という職場の３大慣習は、プロジェクトを遅らせ、開発者を疲弊させる重大な要因になっている。これらの慣習から抜け出さなければ、人と組織の成長は望めない。

　しかし、長年の慣習から抜け出すことは想像以上に難しい。部分的な改善ではなく、仕事のやり方を抜本的に変えること、つまり革新を起こすことが必要だからだ。そのための足掛かりになるのが、「コミュニケーション革新」「問題・課題解決革新」「チームワーク革新」という３つの革新※である。D-KIでも、３大慣習を解消するために３つの革新に着眼し活動に臨むことが確認された。

２チームをつなぐ合同段コミ

　D-KIがスタートすると、世界戦略車担当チームのマネージャとメンバーは、試行錯誤しながら業務の見える化と段コミに取り組んだ。しかし、スタート直後の時点では、問題・課題解決につながる適切な見える化ができない場面もあった。

　たとえば浜中さんの指示を受けてメンバーは出図計画の見える化に取り組んだが、作成した計画表は以前から使っているガントチャートと大きな違いはなく、現状の問題や今後予想される負荷量、想定される課題がはっきりしないものだった。

見える化をマネジメントに活かすポイントは、問題・課題解決に取り組むマネージャやリーダーが、何を見るために見える化が必要なのかを明確にすることにある。しかしこのとき浜中さんは、X社側チームの状況やプロジェクトの全体像を十分に把握してい

※3つの革新

①コミュニケーション革新
マネージャとメンバーが一緒に計画立案に取り組む仕事のやり方を実現すること。具体的には、マネージャとメンバー全員による、「face to face」「双方向」「ワイガヤ」「オープンマインド」などの要素を重視した計画行為「段取りコミュニケーション」をチームのコミュニケーション手段の中心に位置づけて、全員で未来の問題・課題を考え抜く「脳ミソフル回転」をチームに浸透させる。

②問題・課題解決革新
マネージャやメンバーが頭に描いていること、つまり「脳ミソの中身」を見える化して、問題・課題や、その解決方法をチームで共有するという仕事のやり方を実現すること。具体的には、開発プロジェクトの進行中に直面する問題・課題を計画段階で予測して見える化し、さらにチームで検討した解決方法も見える化して計画に織り込んでおくことによって、問題・課題を事前に解決する。このような仕事のやり方を実現することにより、「あいまいなスタート」を防止できる。

③チームワーク革新
職場の個人商店化を解消し、チーム全員が知恵を結集して問題・課題解決に挑む「知力団体戦型」の仕事のやり方を実現するための取り組み。これを実現するためには、「仕事は会社のものであり、仕事は個人でなくチームで行うこと」という考え方と、「チームの目標達成のためにマネージャとメンバー全員が知恵を合わせ、持てる能力を発揮する」という「合知合力」の価値観をチーム全員が持つこと、さらに、チーム全員が目標達成のために自分の役割を発揮するリーダーシップを持つことが前提となる。

図表1-14 D-KIスタート直後に作成した出図計画表

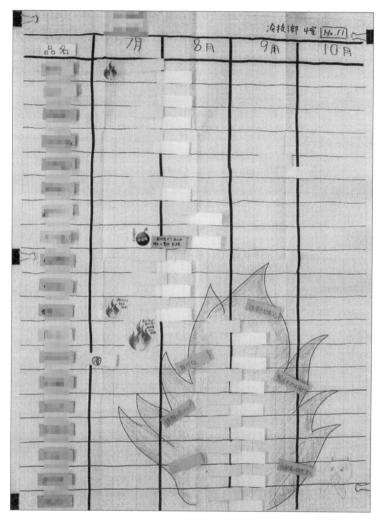

世界戦略車担当チームがD-KIのスタート直後に作成した出図計画表。各月の予想される業務を記した付箋紙が貼られているだけで、いつ頃、どんな仕事で負荷量が増大するか、想定しうる問題・課題は何か、といったことを把握できない。

なかった。

「このままでは、どんな問題・課題があるのかわからないから解決の方策も立たない。やはりプロジェクトの全体像を知り、メンバー一人ひとりの状況を見える化して情報を共有する必要がある」

そう考えた浜中さんは"合同段コミ"をスタートすることを決めた。毎週水曜日の午後、浜中さんがデンソー側チームのメンバーを引き連れてＸ社側チームのところまでクルマで１時間かけて出向き、世界戦略車担当チーム全体で段コミを実施しようというのだ。

浜中さんは合同段コミをはじめるにあたって、メンバーに現在、抱えている問題・課題をひとつずつ紙に書き出してみるように指示した。すると、どのメンバーからも多数の問題・課題が出され、それを集めると分厚い紙の束になった。浜中さんは改めて「みんなすごい量の仕事を持っていて、それが見える化されていなかったのだ」と思い知らされた。書類の束では、みんなで一覧にしてみることができないので、各課題のキーワードになりそうな言葉を付箋紙に書き出して合同段コミに臨むことになった。

合同段コミでは、はじめにデンソー側チームとＸ社側チームがお互いに仕事の進捗状況を確認し合い、続いて直面している問題・課題について話し合ってその状況を共有し、さらに問題・課題の解決策についてメンバー全員で意見を出し合った。

メンバーにとって段コミは慣れない作業だった。これまでは、

仕事の段取りはマネージャが決めるのがふつうで、メンバーは指示にしたがい作業をするが、仕事の計画や方法について考えたり意見を言ったりすることはほとんどなかった。だから、合同段コミで頭を使うこと自体が疲れる作業だった。しかも午後いっぱい、3～4時間と長い時間をかけて話し合うから消耗が激しい。

　デンソー側チームから参加していたメンバーのひとり、藤田明子さんは合同段コミが終わるとグッタリして椅子に座り込んだ。藤田さんは冷暖房技術1部で長年のキャリアを持つベテランだ。もともと開発者の指示に従って図面を描く実務職（一般職）として入社したが、デンソーの海外拠点から研修で日本に来ている外国人メンバーを指導したり、派遣設計者に対して指示を出したりするといった責任のある立場で働くようになっていた。そんなベテランの藤田さんにとっても、消耗を実感するほど集中して頭も普段以上に使う体験は初めてだった。しかも、みんなずっとしゃべりっぱなしで、休憩をはさむ時間もないので、すっかり疲れてしまったのだ。

　だが、藤田さんは「段コミで得るものは大きい」と感じたという。

　藤田さんはインパクト・メソッドが導入される直前に、1カ月半ほどX社側チームの応援に出向いたことがあった。その時点で小笠原さんをはじめ、その他のメンバーのことはよく知っていた。

　それにもかかわらず、職場のメンバー間に会話はなかった。みんなが忙しいから声がかけづらく、わからないことがあっても聞きにくい雰囲気がまん延していた。だが、合同段コミをはじめる

世界戦略車担当チームのベテランメンバー、藤田明子さん。当初は面倒だと思っていたD-KIだったが、段コミのご利益を感じてから積極的になった。

と、そんな後ろ向きの雰囲気はすぐに解消された。X社側チームのメンバーに気軽に話しかけて疑問点も尋ねられるようになった。「コミュニケーションが促進され、それが仕事にプラスに働いているのだろう」と藤田さんは思った。自分が思い違いをしていても、合同段コミの場ですぐに指摘してもらえるようになったので、仕事のやり直しは少しずつ減っていった。

インパクト・メソッドの活動によって仕事のやり方の一部が革新され、マネージャやメンバーがそのメリットを実感することがある。インパクト・メソッドではそれを"ご利益"と呼んでいる。藤田さんは合同段コミを通して、仕事がやりやすくなったことを

図表1-15 合同段コミの様子

合同段コミは、毎週水曜日の午後、X社で実施された。午後一杯を使って段取りの確認を繰り返すうちに、ふたつのチームは少しずつ連携を深めていった。

実感した。まさに、ご利益を感じていたのである。

**移動時間の会話が
コミュニケーションを深める**

　仕事の出し手であるX社側チームの小笠原さんは、合同段コミを通じて自分たちの仕事の出し方に問題があることがわかってきた。

　意図と違う図面が出てくるのは、「専門家なのだから図面を見ればわかるだろう」という指示不足に原因があった。

　たとえばエアコン配管のレイアウトひとつとっても、車両の周辺部品との関係によってつくり方が変わることがある。小笠原さ

んたちX社側チームでつくる大きな図面には、周辺部品の記載と、それらの部品との距離などの記載はあったが、そのレイアウトの深い意図までは示していないこともあった。するとデンソー側チームの担当者は、そのレイアウトに深い意図や背景があることを知らないまま標準形で図面を描いてしまう。その結果、つくり方によっては周辺部品との距離が近くなり、やり直しが発生していたのだ。

　小笠原さんは以前、そういうことがあると「デンソー側チームの理解不足」と考えていたが、合同段コミがはじまると「自分たちがやり直しの原因をつくっていた。これからは、きちんと全部を伝えきらなければいけない」という意識に変わっていった。

　このようにデンソー側チームとX社側チームのコミュニケーションはすぐに改善しはじめた。さらに、毎週、X社までの行き帰りの往復2時間をともにしたデンソー側チームの人間関係は急速に深まった。

　クルマのなかでの会話は仕事のことだけではない。たとえば、次の飲み会の相談など、会社にいると忙しくて話しづらいことも、往復の車内なら気楽に話すことができた。ときには途中でレストランに寄ってランチを一緒に食べることもあった。思いがけない余裕時間が、マネージャとメンバー、あるいはメンバー間の距離を縮める潤滑油の役割を果たしたのである。

　合同段コミを開始した直後は、毎週水曜日の半日がつぶれてしまうということを心配していたメンバーもいたが、はじめてみればプラスのほうがずっと多かった。

PDCA を回すための
ツールを考案

　浜中さんは、この合同段コミとともに、デンソー側チームだけの段コミも毎日実施した。

　そのとき、「週間予定」と「ふりかえりボード」のふたつの「見える化ボード」を用意した。

　週間予定は、縦にマネージャとメンバーの名前が入り、横に曜日が入る表だ。メンバー各自が日々やらなければならない仕事がどれだけあるのかということと、その一つひとつのボリュームがよくわかるようになっている。時間を取られているのは計画業務なのか、それとも会議や突発仕事なのかというように、業務の種別もひと目で理解できる。

　さらに、新たな業務が発生すれば付箋紙に書いて貼り、業務が終わりしだい、付箋紙をはがしていくので、メンバー全員の業務の進捗状況がひと目でわかる。

　はがした付箋紙はごみ箱に捨てるのではなく、チェックやバツなどの印をつけて残し、翌週の月曜日、ふりかえりボードの右側のスペースに貼って残しておいた。業務が完了すればするほど、ボードの右側に貼り出される付箋紙が増えていくことになる。あえて業務が終わった付箋紙を残しておいたのは、浜中さんが「視覚的に仕事が進んでいる感じを出したい」と考えたからだ。

第1章 日常マネジメント岩盤固めで強化されるチーム力

図表1-16 週間予定

終了した業務の付箋紙は、余白にどんどん貼り付けていく

週間予定

会議 / 計画(短納期) / 計画業務 / 突発

- ✔ ～の件
- ✔ 段コミ
- ✔ チェック
- ✔ ～修正

	月	火	水	木	金
浜中 AM	中部屋 ○○○	チェック / ～の件	～会議	○○さん / 段コミ / 対応	段コミ
PM	チェック / 段コミ / ～作成	～作成 / ～会議 / ○○作成	段コミ / ○○検図 / 検図	検図 / 修正 / ～資料	
残業	○○検図	直帰		～対応	～修正
藤田 AM	～作成 / ××検図	～検図 / マネ共 / 検図	チェック / 会議資料	打ち合わせ / 出図	X社出張
PM	○○検図 / ～リスト	チェック / ○○作成	段コミ		
残業	～対応				

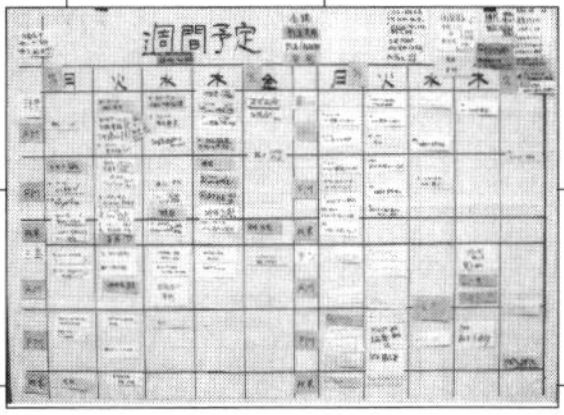

図表1-17 ふりかえりボード

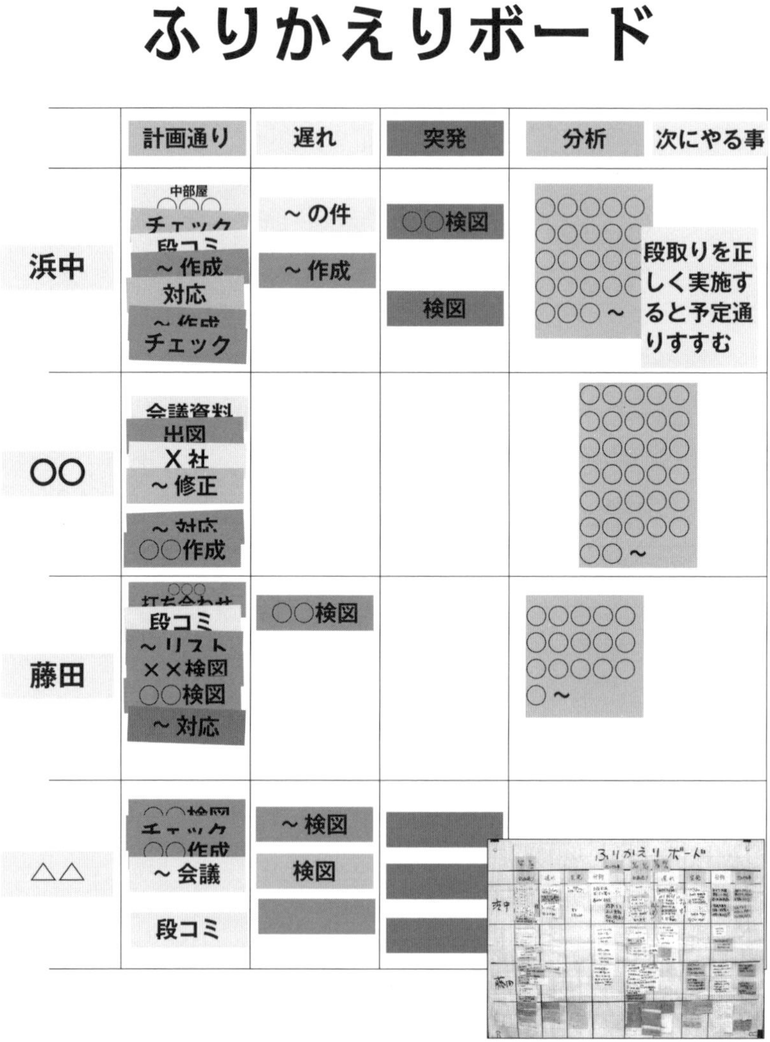

ふりかえりボード

	計画通り	遅れ	突発	分析	次にやる事
浜中	中部屋 チェック 段コミ 〜作成 対応 〜作成 チェック	〜の件 〜作成	○○検図 検図	○○○○○ ○○○○○ ○○○○○ ○○○ 〜	段取りを正しく実施すると予定通りすすむ
○○	会議資料 出図 X社 〜修正 〜対応 ○○作成			○○○○○ ○○○○○ ○○○○○ ○○○○○ ○○○○○ ○〜	
藤田	打ち合わせ 段コミ 〜リスト ××検図 ○○検図 〜対応	○○検図		○○○○○ ○○○○○ ○〜	
△△	○○検図 チェック ○○作成 〜会議 段コミ	〜検図 検図			

このように週間予定には浜中さんらしい工夫が施されていたが、週間予定そのものはインパクト・メソッドの活動に取り組む多くのチームが作成するもので、一般的な見える化ツールだといえる。ここで注目すべきはふりかえりボードのほうだ。
　ふりかえりボードは、前の週の仕事を振り返り、計画を修正するとともに、予定通り完了しなかったことがあればその理由を分析し、次につなげるための表である。いわば仕事のPDCAを回すための実践的なツールを浜中チームは独自に考案したことになる。
　縦にマネージャとメンバーの名前の欄、横には順に「計画通り」「遅れ」「突発」「分析→次にやる事」といった欄があり、ここに付箋紙を貼っていく。毎週月曜になると、前の週の付箋紙をいったん全部はがしてから、今週の計画に合わせて付箋紙を貼り直すという使い方をする。
　日々の段コミや多様な計画の見える化は、すぐにデンソー側チームにとって欠かせない仕事のやり方になっていった。特に、このふりかえりボードを徹底してやり続けたことは特筆に値する。メンバーが仕事をやりきるためには、計画だけでなく、振り返りを続けることが重要だということを浜中さんはわかっていたのだ。

　デンソー側チームの段コミと合同段コミをはじめてから1カ月もしないうちに、浜中さんはご利益を感じるようになった。
　メンバーの負荷を見ながら、課題を誰に任せるかを適切に決め

ることが可能になったことは大きな収穫だった。さらに、マネージャとメンバーの仕事への理解も共有化されていった。浜中さんは、ふたつの段コミを実施する前に比べて、チームワークが格段によくなってきたと実感していた。

タイ出向中に段コミをしていた

　世界戦略車担当チーム、とりわけデンソー側チームは急速にコミュニケーションがよくなり、チームワークが取れるようになっていった。

　会社や部署によっては、日常マネジメント岩盤を形成するのに相当な時間がかかるケースもあるが、世界戦略車担当チームが、これだけ短期間で日常マネジメント岩盤を形成できたのは、浜中さんのリーダーシップによるところが大きいだろう。

　浜中さんはマネージャ研修の頃から、コミュニケーションを取る大切さを実感として理解していた。プロジェクトを成功させようという思いや人の成長に対する思いも強く、行動力もある。

　それは、浜中さんが08年から4年半、タイのテクニカルセンターへ出向していた時代に鍛えられたからだろう。

　浜中さんは課長に昇格するタイミングで出向した。タイでは、仕事の幅も広くなり、採用から人事、総務、顧客対応までさまざまな業務を担当しなければならない。そんな経験が浜中さんを成長させた。

　特に力を入れたのが、ローカルスタッフのマネジメントである。

浜中さんとローカルスタッフは、お互いに母国語でない英語を使ってコミュニケーションを図るのだが、それでは完璧な意思疎通は難しい。そこで説明しきれないところは、簡単な絵や図など、いわゆる「ポンチ絵」を描いたり、業務の流れをフローチャートにしたりして示すことで補った。そのようなやり取りを繰り返すうちに、いつしかローカルスタッフと十分なコミュニケーションが取れるようになっていったのである。

ポンチ絵を描いて説明すると、ローカルスタッフのスキルはどんどん上がっていった。そんな体験から、浜中さんはポンチ絵やフローチャートを使った仕事の指示が、教育効果をもたらすと考えるようになった。

浜中さんがタイで実践していたのは、インパクト・メソッドの活動の段コミそのものである。特にそれと意識しなかったが、言葉によるコミュニケーションが不完全であったために、ローカルスタッフとの間で自然と段コミをするようになっていたのだ。

帰国した浜中さんは、日本でもそういう仕事のやり方を実践していきたいと望んでいたのだが、日本の職場はけた違いに忙しかった。仕事量は膨大で、求められる速さもタイ時代の数倍にもなった。そのため、どうしても日常の業務に追われてしまい、コミュニケーションに力を入れたいという思いはしだいに薄れていった。

立ち上げ研修でアナログ手法のコミュニケーションのよさを再認識した浜中さんは、「タイでやっていたことと同じだ」と考え

ていた。
「タイのマネジメントと同じようにやれば、うまくいくということか」
　仕事のやり方をポンチ絵で見せることで部下が育っていったという、タイでの成功体験があったからこそ、導入当初から積極的にD-KIに取り組んだのである。これまでのケースでも、マネージャがインパクト・メソッドを素直に受け入れたことがチームの成長のはずみになった例は多い。浜中さんの積極性がはっきりと伝わってきたことで、世界戦略車担当チームの成長への期待感は大きく膨らんだ。

4

田口部長が見せた
本気のマネジメント

**危機を察知した
部長が動く**

　このように世界戦略車担当チームの日常マネジメント岩盤はD-KI がスタートしてすぐに形成されていった。一方で、D-KI がスタートして1カ月が過ぎた8月も大量の出図は続いており、綱渡りの状況に変わりはなかった。

　D-KI のスタート前と異なるのは、段コミと見える化が進んだことで、メンバーが抱える業務量が誰の目にもはっきりとわかるようになったことだ。

　段コミで今後の課題を中日程表に落とし込んでいったところ、9月から10月にかけてメンバー全員の負荷量が限界値に達し、いつどこで火を噴くかわからない危機状態に陥ることがわかった。

　ここでチームが何らかの手を打たなければ、プロジェクトが火を噴くことは明らかである。今回も同じ失敗を繰り返すことになるのではないかという思いがマネージャの間に広まっていた。

　こうした状況を打開しようと、「マネジメント状況共有会※」「革新検討ミーティング※」「個別相談会※」などインパクト・メソッドの定例イベントの場で、担当コンサルタントと世界戦略車担

当チームのマネージャは話し合った。

 8月22日の初回マネジメント状況共有会では、担当コンサルタントからマネージャに向けて「現場のコミュニケーションがよくなっている一方で、部長や室長の関与が薄い」という話があった。
 現場が行き詰まっているときは何らかの手を打たなければいけない。それがマネージャの仕事である。まさに、これから出図のピークを迎えようとしていた8月後半は手を打つべきタイミングだった。
 そのタイミングを察したのは田口さんだった。
 田口さんはそれまで、冷技1部4室のマネジメントは、若林さんを信頼して基本的に全権を委任していた。一方、若林さんは、チームが高負荷状態にあると判断すると4室のなかでの人繰りを行い、また状況を見ながら派遣設計者の応援を依頼するなど一時的な応援体制を敷いてやりくりをしていた。

※マネジメント状況共有会

立ち上げ研修の約1カ月後から、月1回のペースで開催される導入企業全体のイベント。インパクト・メソッドの活動に参加している全チームのマネージャとメンバー、各部門の幹部らが一堂に会する場で、1チームずつ、実際に使用している見える化ボードを示しながら、その月に実践したこと、わかったこと、気づいたこと、変化したことを発表し、組織で共有する。また、発表に対するコンサルタントや幹部らのコメントをもとに、次に向けた仕事のやり方、マネジメント方法の改善点を明らかにする目的もある。インパクト・メソッドの活動をPDCAサイクルでとらえると、「C（Check、チームでの振り返り）」と「A（Action、チームで改善の実行）」のきっかけになるのが「マネジメント状況共有会」ということになる。

田口さんは、若林さんが「民主型・関係重視型」を軸にうまくマネジメントをしていると評価していた。実際、若林さんは、周りの人や部下の意見をよく聞き、バランスを取るマネジメント・スタイルで、部下に慕われ、うまく調整しながら周囲の協力も取りつけていた。一方で非常時にトップダウンで方針を決め行動に移すことに躊躇(ちゅうちょ)が見られ、判断が遅くなったり、鈍ったりする弱点もあった。そんな若林さんを見て、田口さんは「これからは必要に応じ、メンバーを引っ張るマネジメントも身につけ、使い分けられるようになってもらいたい」と考えていた。

　8月下旬、田口さんは世界戦略車担当チームの合同段コミに顔を出した。
　田口さんは途中まで黙って合同段コミの様子を見ていたが、場の雰囲気は緊迫していた。X社側チームが想像以上に切羽詰まっ

※革新検討ミーティング
2回目のマネジメント状況共有会の開催後をひとつの目安にして開催される、マネージャと幹部だけが参加するイベント。現状のマネジメントの問題・課題を明確にし、革新を推進していくためにどのようなことに取り組んでいけばいいのか検討する。通常は丸1日をかけ、コンサルタントがチームごとの改善提案を提出するかたちをとる。開催の内容や開催数はチームの状況に応じて決定する。

※個別相談会
月1回のペースで開催されるチーム単位のイベント。活動状況を確認するとともに、マネジメントの改善が適切に進んでいるかをコンサルタントを交えて確認、進め方の方向づけをすることにより、マネジメント改善の停滞を防止する。

た状況に陥っていることが明るみに出たからだった。メンバーどうしの言葉がとげを持ち、口論に発展しそうになっていた。

　事態の収束を図るため、その場にいる全員で業務をすべて書き出し、日程に落とし込んで、どのタイミングで何をやらないといけないかを確認した。すると、思惑とは反対に、「あれができていない」「これができていない」という仕事が山ほど出てきて混乱は深まった。

　田口さんは、「そんな状況では、いくら見える化して1個1個つぶしていっても、到底納期に間に合わないだろう」と考えていた。

　田口さんの関心は、この緊迫する段コミの場を若林さんがどうさばくかにあった。しかし若林さんはメンバーみんなの言い分を聞こうとしたため、その場で結論は出なかった。

　このとき、田口さんが「本気のマネジメント」を見せる。

　自分がこの段コミの場を仕切るとみんなに宣言すると、すぐさま冷技1部4室以外の室長3人を召集した。そして彼らに事情を説明し、次々と手を打った。

　専門性が高く、社内で図面を描くしかないものに関しては、室長に「1週間、誰か人を出してくれ」と指示した。さらに、その場にいない室長にも電話で今の状況を話し、「誰がいいか、具体的に名前を出して、誰を出すかすぐに決めてほしい」と伝えた。

　マネジメント状況共有会で「部長の現場への関与が少ない」と指摘されていたこともあっただろうが、田口さんは、この場は状

図表1-18 田口さんが思いきった行動を決断するまで

```
田口さんが、世界戦略車担当チームの合同段
コミに参加する
```

```
合同段コミによって、X社側チームが「このま
までは納期に到底間に合わない」というほど、
切羽詰まった状況に陥っていることが明らかに
なった。そのため、場の雰囲気は極めて緊迫し
ていた
```

```
若林さんのマネジメントに期待していた
が、事態は好転しなかった
```

```
この場は状況に応じたマネジメントのや
り方を若林さんに見せようと決断
```

```
田口さんが段コミの場を仕切ることを宣言
```

```
冷技1部4室以外の室長3人を召集し、支援の
ための人員を出すように依頼。さらに、その場
にいない室長にも電話で同じように依頼した
```

089

況に応じたマネジメント、つまり緊急時に明確な方向性を示すことの重要性を若林さんに示す絶好のチャンスともとらえていた。こうした緊急事態での判断を「急場のマネジメント」と呼ぶが、まさに、そう呼ぶのにふさわしい状況だった。

そのとき求められていたのは、両者の話を聞いて判断するような民主的なマネジメントではなく、室長としてどう考え、どう判断するかという強い意志にもとづくマネジメントだった。しかも即断即決で事を進めていかなくてはならない。そのようなときには強権発動も必要なのだ。

田口さんのこの行動は、その後、世界戦略車担当チームのチームワークに変革をもたらすことになる。

本気のマネジメントに
鳥肌が立つ

田口さんの思いきった行動に、段コミに参加していたメンバー全員が息をのんだ。

藤田さんは「あれはすごかった。入社して以来、初めて見た」と言う。そもそも、メンバーと部長クラスとは、ふだん直接の接点は多くない。また、部長が段コミに参加しても発言は多くなかった。それが目の前で段コミの場を仕切ったうえに、問題解決のために次々と手を打ったのだから、メンバーが衝撃を受けるのは無理のないことだった。

さらに藤田さんを驚かせたのは、デンソープロパーの設計者投入がその場で即決されたことだ。今までの経験上、現場がいくら

人員不足でも、そう簡単に支援を得られないことはわかっていた。「どうしても人が必要です」と訴えても、多くの場合、人員配置まで2週間ほど必要であり、たとえすぐに配置されたとしても、やってくるのは派遣設計者というのが通常のパターンだった。そうなるとレベルの高い図面は短期間では任せられないというのが実情だった。

　それまでありえないと思っていたことが、今、自分の目の前で起きている。藤田さんが「モチベーションがぐっと上がった」という瞬間だった。

　驚きを感じたのは藤田さんだけではなかった。課長の浜中さんにとっても「鳥肌が立つような思い」だった。

　従来なら段コミを受けて、後日、別の場所で室長と部長が集まり、人の手配や業務の割り当てを協議したうえで、「人を増やす」「仕事のやり方はこうする」と決め、決定事項だけが現場に伝わってきた。

　ところが、このときは田口部長が4人の室長を前に「この課題を解決するのに最適な人材は誰だ」「じゃあ彼を1週間出してくれ」と指示を飛ばしている。

　ふだん目にすることのない部長と室長の協議を横で見ていることは、浜中さんにとって信じられないくらいすごいことだった。浜中さんがこれまで仕事をしてきて、鳥肌が立つほど感動する場面に立ち会ったのは数えるほどしかない。田口部長の本気のマネジメントはその1回に数えられることになった。

「メンバーの気持ちがぐっと傾いた瞬間だった」と浜中さんは言う。部長や室長が協議している様子を見て、自分たちの課題が部全体に影響をおよぼすほど停滞していたのかと改めて理解した。

田口さんが「やるときはやらなければいけないというマネジメントを見せたい」と思った若林さんも、「自分もここまで大胆なマネジメントをやらなければいけないのだ」と、大きな刺激を受けた。

若林さんは、このときの出来事をきっかけにして、自分が他の室に遠慮して「頼むことさえしていない」と気づいた。ピンチになっても自分のチームで何とかやりきらなければならないと考え、同じ冷技1部4室のなかであっても、課間の短期的な応援だけにとどめていたのである。

その後、若林さんは4室のなかでメンバーを入れ替え、300枚の出図をやりきれる人の配置を行った。

田口さんの本気は、チームに成長のはずみをもたらした。

浜中さんは「上司も本気なら自分たちも本気で取り組まないと、出図の仕事は終わらない」と気を引き締めた。

「応援が来るまでの準備も必要だ。人が増えたからといって、何も言わずに仕事をお願いできるわけではない。せっかく田口さんが人を手当てしてくれたのだから、最大限のアウトプットを出すために、受け入れ態勢をきちんと整えておく必要がある」

そんな思いから、浜中さんたちは大きな模造紙を使って、品番ごとに図面の計画、製作、検図、出図のすべての仕事の動きを見

える化し、与えられた応援を無駄なく効率的に活用できるように日ごと、週ごとのスケジュールに落とし込んでいった。

　メンバーもモチベーションを高め、段コミや見える化の一段のレベルアップをめざそうと決めた。

やり直しゼロへの挑戦

　浜中さんは、田口部長が示した本気のマネジメントに応え、段コミをいっそう活性化させようと思ったとき、世界戦略車プロジェクトの先行きまでを見すえていた。

　このプロジェクトは、日本で設計し、日本での試作、海外での試作を経て、海外での生産というように、開発・生産のステージが国内から海外へ移り変わっていく。

　そのため、海外の開発拠点、生産拠点でやり直しが出てしまうと、大きなロスが生じてしまう。

　だから、まず国内のＸ社側チームとデンソー側チームの間で意思を統一し、やり直し作業が出ないようにすることが重要である。そうでなければ、国内と海外との間でスムーズに仕事をやり取りすることは到底不可能だと、浜中さんは考えていた。

　段コミをはじめる前は、日々の仕事のなかで思い違い、勘違いがたくさんあって、やり直しの発生も多かった。それを究極のゼロにし、「やり直しなし、検図も一発で合格」にしたいという目標を浜中さんは持っていた。そこで、浜中さんは段コミでメンバーに対して、自分の意思を余すところなく伝えようと奮闘した。

メンバーも田口さんが見せた本気のマネジメントに感動し、モチベーションが上がっていたので、浜中さんの本気の段コミでも意思を一生懸命くみ取ろうとした。
　9月、10月、11月と毎月100枚前後の図面を仕上げていかなければならない。マネージャもメンバーも当分は休みが取れそうもない。そうしたなかでもチームは一丸となり、「有給休暇をとるのは出図がすべて終わってからだ」と気持ちを高めて、仕事に取り組んでいた。

業務バラシが現実を突きつける

　8月後半から、世界戦略車担当チームの日常マネジメント岩盤は急ピッチに固められていった。
　D-KIの必要性に疑問を持っていた小笠原さんも、9月に入ると自分のマネジメント・スタイルを問い直すようになった。
　そのきっかけはふたつあった。
　ひとつは8月後半の段コミで、あるベテランメンバーの業務バラシを徹底的にやったことである。
　小笠原さんは以前から「そのメンバーが仕事で悩んでいるかもしれない」と思うことがあったが、「コミュニケーションはきちんととれている」と考えていた。なぜなら、そのメンバーとは休日に遊びに行くこともある親しい間柄だったからである。仕事で困ったことがあれば、そのメンバーから相談してくるだろうと思っていたのだ。
　そのメンバーは業務が遅れることもあったが、小笠原さんは

「みんなに気持ちよく働いてもらいたい」「ベテランなのだから、その気になれば問題なく仕事をこなせるはずだ」という考えから、あえてそのメンバーの仕事の進捗状況を確かめに行くことはなかった。

業務の遅れが原因でプロジェクトが火を噴くこともあったが、そんなときは小笠原さんが火消し役となって問題を解決した。

当時の小笠原さんはとにかく忙しく、メンバーがやりきれない業務を引き受けることが頻繁にあったほか、X社から突発的に入ってきた仕事も自分ひとりで引き受けていた。D-KIがスタートすると、マネージャやメンバーの心身状態を見える化する「元気君」「疲れた君」シールを貼り付けて「すっきりボード」を作成するようになったが、当初、小笠原さんは、疲れた君を真っ赤に塗り、切り刻んでボードに貼っていた。「誰か助けて」という小笠原さんの声が聞こえてくるようだが、それほど疲れ切っていたのである。

それでも小笠原さんは、そのメンバーと深く話し合うことはせず、従来通りのやり方で出図遅れをフォローし続けた。

ところが、チーム全体で業務遅れの問題を解決するためにそのメンバーの業務バラシを実施すると、そのメンバーが仕事の負荷量に対する不安を抱え込んでいて、それが業務遅れを引き起こしていたことが明らかになった。「困ったことがあれば相談してくるだろう」という期待は楽観的な思い込みでしかなかったのである。

小笠原さんは、このとき初めて「納期だけを示して、後は口出

図表1-19 すっきりボードと元気君、疲れた君

■すっきりボードの活用例

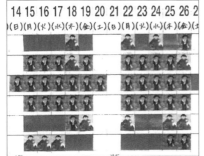

元気君

疲れた君

下図は、あるチームの主なメンバーの活動中の状態推移をまとめたもの。

■元気君　■疲れた君　☐普通

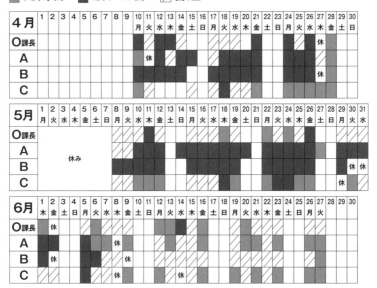

メンバーそれぞれが、自分の心身の状態を表す「元気君」「疲れた君」という2種類のシールをボードに貼り付けることを日課にすることで、チーム状態を見える化する。お互いの理解を深める効果がある。

しせずに個人に任せる」というやり方が、誰に対しても通用するわけではないと知り、マネジメントを少しずつ見直していこうと考えるようになったのである。

　もうひとつ、田口さんの指示ですぐに10人ほどの応援が決まったことも、マネジメントを見直す大きなきっかけになった。
　今まで「人を出してほしい」と、室長や部長にどれだけ懇願しても絶対に出てこなかった。ところが、このときはすぐに人を出してもらえた。しかも、やってきたのは、仕事が速く正確なデンソープロパー設計者だった。最初、増員すると聞いたとき、よくある「人の数だけ合わせること」はかえって負担になるので、「勘弁してほしい」と小笠原さんはこぼしていた。
　ところが新しく着任したメンバーは、どんどん仕事を片づけていく。それを見ながら、「今までとは違う」と小笠原さんは感じていた。
　小笠原さんは突発の仕事が入って、実際に田口さんが段コミで差配する姿は見ていなかったのだが、チームに大きなご利益がもたらされたことは理解できた。
　このとき小笠原さんは、仕事のできる人を観察して、あることに気づいた。
　仕事のできる人は、すぐに行動をはじめる場合でも、まず情報をすべて集めたうえで着手していた。しかし、仕事のやり直しが多い人は、情報を集める前に図面を描きはじめていて、大事なデータをあらかじめ見ていないケースが多かった。

インパクト・メソッドでは、仕事に着手する前にしっかり準備して考え抜くことをアドバイスしているが、小笠原さんが見た仕事のできる人も、ずば抜けた才能を持っているということではなく、準備ができているから間違いのない仕事をしていたのだ。

小笠原さんは改めて、人を見てマネジメントする必要があると考えた。優秀なメンバーには納期を示して、後はお任せでもいいだろう。しかし、その他のメンバーには、準備をきちんとしておいてから着手するようにとアドバイスするようになった。

新しい価値観の誕生

この頃、世界戦略車担当チームの状態が大きく変わり、マネージャもメンバーも新しい価値観を身につけつつあった。

そこで担当コンサルタントから世界戦略車担当チームに対し、13年9月19日の第2回マネジメント状況共有会で「つかんだ価値観をチームで検討して言葉にし、額縁に入れるように」とアドバイスがあった。言葉にすることで、チームが身につけた価値観をさらに強固にできるからだ。

それに対して出てきた言葉が「本気で見て、見せて見られてみんなすっきり‼」である。

これはメンバーが考えた言葉である。マネージャがメンバーのなかに入り込み、仕事の中身を本気で見る。メンバーも自分の仕事の状況や抱えている課題をすべてさらけ出し、マネージャや他のメンバーに見てもらう。そうするとチーム全員の仕事の動きが明確になって、自分の仕事との関連性もよく見えてくる。その結

第1章 日常マネジメント岩盤固めで強化されるチーム力

図表1-20 小笠原さんの気づき

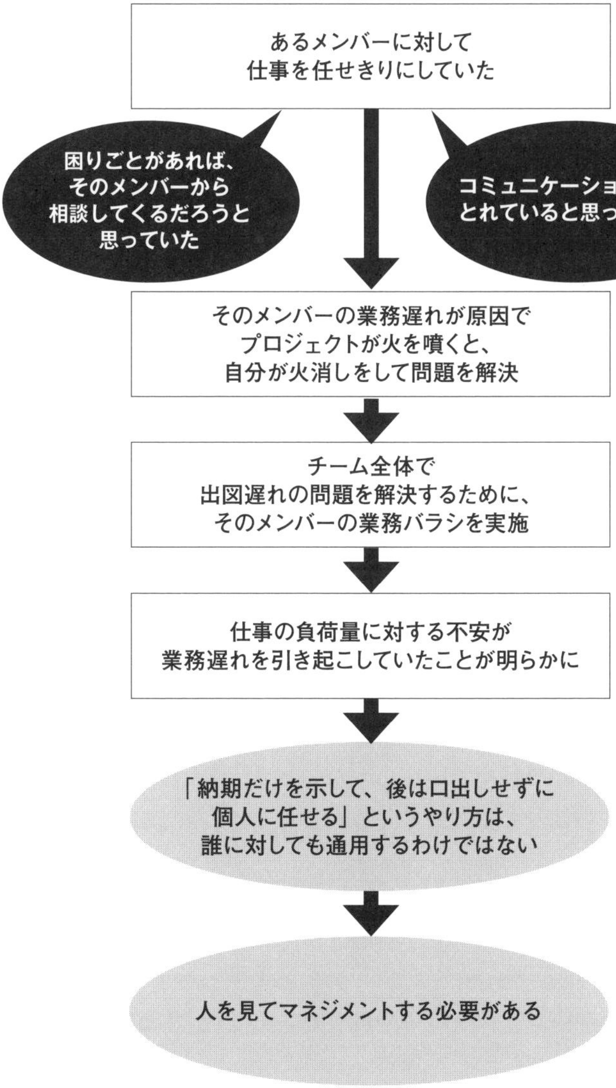

```
        ┌──────────────────────┐
        │  あるメンバーに対して  │
        │  仕事を任せきりにしていた│
        └──────────────────────┘
       ↙           ↓           ↘
┌─────────────┐         ┌─────────────┐
│困りごとがあれば、│         │コミュニケーションは│
│そのメンバーから │         │とれていると思っていた│
│相談してくるだろうと│       └─────────────┘
│思っていた    │
└─────────────┘
              ↓
        ┌──────────────────────┐
        │  そのメンバーの業務遅れが原因で│
        │  プロジェクトが火を噴くと、  │
        │  自分が火消しをして問題を解決│
        └──────────────────────┘
              ↓
        ┌──────────────────────┐
        │  チーム全体で          │
        │  出図遅れの問題を解決するために、│
        │  そのメンバーの業務バラシを実施│
        └──────────────────────┘
              ↓
        ┌──────────────────────┐
        │  仕事の負荷量に対する不安が  │
        │  業務遅れを引き起こしていたことが明らかに│
        └──────────────────────┘
              ↓
        ┌──────────────────────┐
        │「納期だけを示して、後は口出しせずに│
        │ 個人に任せる」というやり方は、│
        │ 誰に対しても通用するわけではない│
        └──────────────────────┘
              ↓
        ┌──────────────────────┐
        │  人を見てマネジメントする必要がある│
        └──────────────────────┘
```

果、気持ちがすっきりする。

　段コミを繰り返すうちに、「本気で見て、見せて見られて　みんなすっきり‼」が、いわばチームで仕事をするときのセオリーとなったのである。

　以前のKI活動は、仕事に優先順位をつけて、重要度の低い仕事の納期を後ろにずらしたにすぎなかった。言うまでもなく仕事が消えるわけではないので、結局のところ、どのメンバーも後ろにずらした仕事を自分ひとりで考えて取り組まざるを得なかった。
　しかしD-KIは違う。
　最初は効率が悪そうに思える段コミだが、回を重ねるにつれてメンバー相互の仕事の状況やノウハウ、問題・課題解決のために考えていることが共有化され、その結果、自分の仕事が速く正確になるというご利益を感じる。段コミに使う資料はエクセルやワード、パワーポイントなどを使用してきちんと作成したものでなくても、ポンチ絵など簡単な絵や図を描いて見せれば十分に相手に伝わるので、誰もが積極的に意見を出せる。
　また、仕事の計画や課題をしっかりと見える化すると、チーム内でアウトプットイメージが共有化され、メンバーどうしが助け合いながらやり直しのない仕事が可能になる。
　それに加え、チームで助け合う仕事のやり方が定着すると、今まで誰に相談していいかわからず不安なまま個人で仕事を抱えていた状況が解消し、メンバー全員が安心して仕事に臨めるようになる。

図表1-21 チームの価値観を示す標語

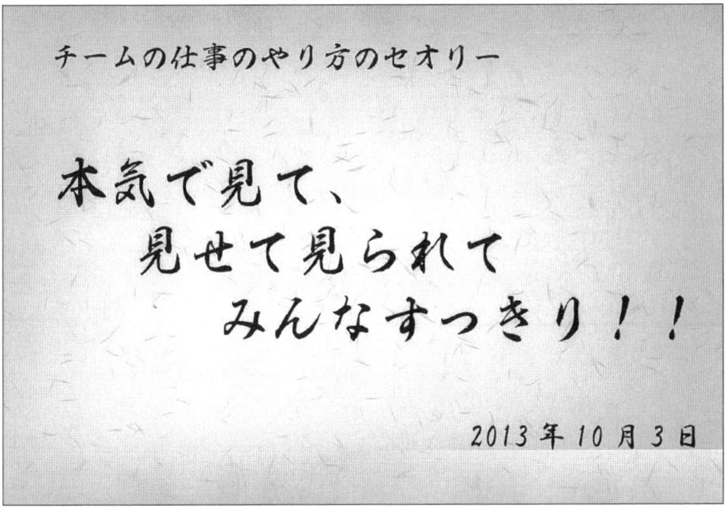

> チームの仕事のやり方のセオリー
>
> 本気で見て、
> 　見せて見られて
> 　　みんなすっきり！！
>
> 2013年10月3日

メンバーが考えた標語を額縁に入れてオフィスに掲示した。こうすることで、新たな価値観のチーム内への浸透が促進する。

　そうした経験を通して、自分の仕事を見せ、他のメンバーの仕事が見えると、自分にとって得があると実感できるようになった。そして、見える化を徹底することによって、みんなが「すっきりする」というのが、チーム全員の共通の価値観になったのである。

目を見張るほど活性化したチーム

　世界戦略車担当チームは一体となって、13年11月に300枚という大量出図を完了した。忙しい日々を過ごしていたメンバーは、出図後に有給休暇を取ることをひとつの目標に掲げていたが、それも達成できた。

田口さんが手を打たなければ、またその後に若林さんやメンバーが本気にならなければ、最後はなりふり構わず応援の設計者を投入することになっただろう。納期を守るために、たとえチームの信用が落ちても他部署から人を借り、仕事の一部を切り出して派遣設計者に頼むという、過去に何度も急場を凌(しの)いできた方法だ。
　そのとき投入される設計者が期待通りの仕事をしてくれるとは限らない。小笠原さんが指摘したように、むしろ現場の負担になる場合もある。そうなると、締め切りが守られても図面の品質を守るのが難しくなる。そのような状況は絶対に避けなければならないが、これまでは有効な手立てを打てていなかった。
　しかしD-KIを導入したことで、世界戦略車担当チームはマネジメントが変わり、仕事のやり方が変わり、チームワークやコミュニケーションに変革が起きた。それによって納期も品質もきちんと守られたのである。

　その様子を冷静に見ていたのが、この後、14年1月に田口さんの後任として本社に戻ってくることになる立岩成洋部長だ。
　D-KIがスタートした頃、立岩さんはX社に長期出張しているデンソーメンバーを統括する立場にあった。
　D-KIの導入以前、立岩さんは若林さんに「X社側チームは、みんな元気ないけど大丈夫か」と声をかけたことがある。
　X社側チームは日々、仕事のやり直しや設計変更に追われ、他のチームの数倍の仕事量をいつも抱えていた。それにもかかわらず、メンバー一人ひとりが黙々と仕事をする個人商店型だったの

第1章 日常マネジメント岩盤固めで強化されるチーム力

D-KIがスタートした半年後の14年1月に、田口さんに代わって冷暖房技術1部の部長に就任した立岩さん。就任前からD-KIの効果に関心を持っていた。

で、チームとしては機能していなかった。そんなチーム状況を立岩さんは心配していたのである。

　ところがD-KIによって、まるで生まれ変わったようにチームは活性化した。まず、メンバーがどんどん明るい表情になっていった。そして、マネージャとメンバーとの会話が増えた。立岩さんはそれを見て、チームとして動くよさがわかってきたのではないかと思った。

　立岩さんもD-KIの導入でチームががらりと変わる様子を見ながら、「インパクト・メソッドは効果があるのだ」と確信した。

　この感覚は、冷技1部の部長になってからも変わらなかった。浜中さんや若林さんともD-KIについて話し合い、D-KIを引っ張

るマネージャを頼もしく思った。
　立岩さんは「インパクト・メソッドはマネージャがやる気になれば、いくらでも展開できる」方法論だと理解した。そして浜中さんは、その方法論を自分のものにしていると感じていたのである。

第 2 章

プロジェクト岩盤への挑戦が導いた
チームの成長

1

開発プロセスを革新して
業務負荷平準化をめざす

大仕事の後にやってきた停滞期

　300枚の大量出図をやりきったことは、世界戦略車担当チームに大きな達成感と安堵感をもたらした。

　出図完了まではメンバーのモチベーションが急速に上昇し、段コミや見える化に懸命に取り組むことで仕事のスピードや正確性も高まっていた。大仕事に立ち向かうことで、世界戦略車担当チームの日常マネジメント岩盤は確実に形成されていったのである。

　本来ならこのまま、次のステップとなるプロジェクト岩盤形成に目標を定めることになり、D-KIにも一層力が入るところである。

　ところが、出図をやりきると、メンバーのモチベーションは低下しはじめた。出図を終えた達成感と安堵感からなのか、気持ちが次の目標へすぐに移らなかったのである。チームとしての活動は明らかに中だるみ期間に入っていた。この中だるみ期間は、2013年11月中旬から翌14年2月上旬まで続いた。

　合同段コミも中だるみ期間は下火になってしまった。
　それまでは合同段コミで情報を共有化すると自分の仕事が速く

図表2-1 世界戦略車担当チームが経験した中だるみ期間

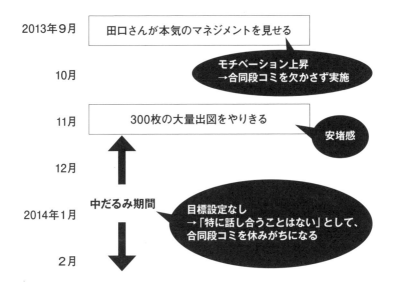

正確になるので、「出図を成功させるためには欠かせない」と力が入った。だが、出図をやりきると何をテーマに段コミをしていいかわからなくなったのである。

「今週は忙しいから合同段コミを中止しようか」という声がときどき出るようになり、実際、X社側チームとデンソー側チームの都合が合わなかったり、「業務がほとんど進んでいないため、特に話し合う内容はない」といった理由で、たびたび合同段コミは中止となった。

また、この時期、浜中さんが突発仕事で海外拠点に出張することがたびたびあった。今までチームを力強く引っ張ってきたマネ

ージャがときおり不在になることも、メンバーの合同段コミに対する意欲を低下させた。

　チームのモチベーションが高まりをみせないなか、藤田さんは日常業務にもやもやした気持ちを抱いていた。第一に、X社側チームとデンソー側チームはFace to Faceで話をしないと見えなくなる部分が増える。事実、藤田さんからはX社側チームの動きがまったく見えなくなっていた。藤田さんは、向こうがどのような仕事をしているのかが気になって仕方なかった。

　あるとき、藤田さんは浜中さんに対して、「合同段コミがないと気持ち悪い。頭の中がすっきりしません」と言った。

　このときはX社側チームとデンソー側チームが連携する必要性は高くなかったので、往復2時間かけて合同段コミを開こうという結論には至らなかったが、藤田さんのいるデンソー側チームでは以前と変わりなく、しっかりと毎日の段コミを続けようと決め、すぐに実践に移した。浜中さんは日本と海外を行ったり来たりしていたので、メンバーだけで段コミを開くときもあった。

　段コミの頻度が減ることは、順調に続いてきたチームの成長が停滞していることを意味していた。

　チームの姿勢ひとつで岩盤は強くもなれば弱くもなる。日常マネジメント岩盤も一度形成したからといってそれで終わりではない。何よりも、次の段階のプロジェクト岩盤を形成するためには、日常マネジメント岩盤の強化が欠かせないのだ。

　コミュニケーション革新、問題・課題解決革新、チームワーク

革新という3つの革新を起こし、確かな日常マネジメント岩盤を形成したら、次はプロジェクトマネジメントの革新をめざして具体的な成果を設定し、問題・課題解決を実践していくことになる。このとき、日常マネジメント岩盤に揺るぎがあると、すべてが台無しになる。そうならないためにも、新たな挑戦ばかりでなく、段コミや見える化など基本的な活動に拍車をかけていかなければならないのである。

次の仕事のピークを前倒しにする

　このように、世界戦略車担当チームには、中だるみ期間を乗り越えて新しい目標に取り組んでいくことが求められていた。

　加えて、火消し型の仕事のやり方を革新することも重要なテーマだった。

　火消し型の仕事のやり方とは、問題が起こってから対処する仕事のやり方である。世界戦略車担当チームはこれまで、メンバーの負荷量が大きくなり過ぎて出図が計画通りに完了しないとわかると、マネージャもメンバーと一緒になって図面に取り組むのが当たり前だった。それでも無理なときは他部署や派遣設計者の応援を頼むのである。本来は負荷量の増大を先読みして、先手を打って問題を未然に防がなければならない。

　300枚の大量出図は見事にやりきったが、世界戦略車担当チームの仕事のやり方は、以前の火消し型のままだった。このままなら、次の仕事のピークがきたとき、同じように火消し型の仕事が

繰り返されることは簡単に予想できた。

　しかし、D-KIがスタートしてすぐに日常マネジメント岩盤を形成することができた世界戦略車担当チームなら、中だるみ期間を乗り越えるのと同時に、具体的な成果を設定して問題・課題解決を実践していくという未然防止型の仕事のやり方に取り組んでいけるのではないか——担当コンサルタントは、そう考えていた。
　そこで、2013年9月26日の革新検討ミーティングの場で、若林さん、浜中さん、小笠原さんと担当コンサルタントが話し合い、「火消し型から未然防止型への進化」を世界戦略車担当チームの新たな目標に掲げることが決まった。具体的には、次にやってくる仕事のピークを前倒しするために、アウトプットイメージを明確に描き、そこから予想できる問題・課題を事前に解消するという仕事のやり方を実践し、やりきるということだ。
　このとき世界戦略車担当チームは、世界戦略車プロジェクトの試作イベントに関連する業務を控えていた。
　自動車の開発では、量産前に複数回試作車をつくって評価を実施する。このときは、性能確認試作の評価が予定されていた。
　性能確認試作の段階で世界戦略車担当チームは、エアコンシステム部品を車両に取り付けるときに問題がないことや、取り付けた後の作動、機能、性能といった設計品質を保証しなければならない。量産時にはデンソーの複数の海外工場で製造された各部品をX社の海外工場で車両に取り付けることになるので、トラブルは絶対に避けなければならないのだ。

図表2-2 火消し型と未然防止型

火消し型

- アウトプットイメージが不明確で、チーム内で共有されていない
- 課題が発生してから手を打つ
- 納期通りをめざすが、成り行きで進行

頻発するトラブルによって納期間際に負荷がピークに達する。
人員を投入するなどして火消しに奔走することになる

未然防止型

- アウトプットイメージが明確で、チーム内で共有されている
- 起こると予想される課題を事前に抽出して手を打つ
- QCDの目標を設定して、目標達成のための施策に取り組みながら進行

トラブルの原因を事前に解決することにより、
一定の負荷量をキープしたまま順調にプロジェクトを完遂

図表2-3 試作イベント

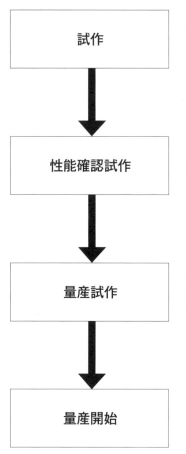

試作用金型で試作車をつくり、図面の精度向上を図る。

量産用の金型を使用して試作車をつくり、狙い通りの性能が得られるか、さまざまな実験を行う。

量産用の金型を使用し、工場の生産ラインで第1号の試作車をつくり、性能を確認する。

動作保証のために確認しなければならないことは多い。たとえば、デンソーのどの海外工場でも同じ部品がつくれるのか、品質管理の弱い工場はないか、あるいは部品や材料をどこから調達するのかなどを事前に調べ、対応することになる。さらに、X社の海外工場で取り付けをする場合の対処法も確認する必要がある。

このように、実は性能確認試作に向けての業務は、中だるみする余裕がないほど多数存在し、再び仕事のピークがやってくることが世界戦略車プロジェクトに着手した当初から予想されていたのである。

しかも、性能確認試作の評価では、出図の段階では想像しなかった問題が多数出てくることが予想された。10年前の世界戦略車プロジェクトでは、性能確認試作の評価で多数の問題が出た。その多くは設計変更によって対処することになるのだが、あふれ出るような問題の山を一気に解決しなければならないため、いきおい仕事はドタバタの火消し型になってしまうのである。

慣習化している、こうした仕事のやり方を変えるのは簡単ではないが、不可能ではない。

よく起きるトラブルやNGのケース、ドタバタになる問題を予測し、改善点を明らかにしたうえで、それに対して手が打てるように準備すればいいのである。性能確認試作の評価が近づいてドタバタのなかで問題解決を考えるのではなく、ずっと前に問題解決の方法を考え、打てる手があれば打っておく。そうすれば、これまで性能確認試作の評価がはじまってから一気にピークに達し

ていた仕事の負荷を分散し、ピークを低くすることができる。
　このように具体的な成果を設定し、問題・課題解決を実践していくことこそが、プロジェクト岩盤形成の第一歩になるのである。

　13年10月11日のマネジメント状況共有会では、担当コンサルタントから世界戦略車担当チームの全員に「チームデンソーを広げ、課題解決の範囲も広げて、開発プロセスの革新にも挑戦してほしい」と期待の言葉が伝えられた。
「チームデンソーを広げる」とは、プロジェクト岩盤のフェーズに入ってくると、世界戦略車担当チーム以外のチームや社内の他部署、さらにX社との連携が重要になってくるため、自分たちのチームの枠を超えた連携をつねに意識してほしいという意味を込めたメッセージだ。
　たとえば、一般に自動車部品メーカーは、専門領域である部品については熟知しているが、自動車メーカーから見た部品という視点を持っていない。同じ自動車でも国が違えばユーザーが変わり、使い方も変わる。それによって部品に求められる要素も異なってくる。そういう情報は、自動車メーカーから断片的に入手できるに過ぎない。
　だからといって、自動車メーカーが発信する情報に頼りきりになるわけにはいかない。むしろ、自動車部品メーカーの立場でありながら自動車メーカー以上の提案ができるように自助努力するべきである。
　また、「開発プロセス革新」とは、これまでの慣習化した仕事

のやり方を見直し、より高い成果を得られる新しい仕事のやり方をつくり上げるということである。性能確認試作の評価前に課題を抽出して手を打つことにとどまらず、課題の徹底抽出にこだわるなど、これまでにない新しい考え方でＱＣＤ（品質、コスト、納期）を追求する姿勢をチームに根づかせてほしいという意図がこの言葉に込められている。

　13年12月17日のマネジメント状況共有会では、担当コンサルタントから世界戦略車担当チームのマネージャに「試作イベントの経験が乏しいメンバーを支援するために、プロジェクトに積極的に関与してほしい。また、性能確認試作の評価前に課題を洗い出し、早い段階で解消するために、『脳ミソフル回転』で最終アウトプットイメージから課題出しまでをメンバーと一緒に考え抜いてほしい」と伝えられた。

　脳ミソフル回転とは、マネージャとメンバー全員が今後起こり得るさまざまな状況を想定し、お互いの頭のなかにある考えを書き出して見える化して議論するというように、未来に起こることを徹底的に考え抜くことである。

　インパクト・メソッドでは、仕事はチームで取り組み、組織力を発揮して進めるものだと考えており、このような仕事の価値観を「合知合力」という言葉で示している。組織の目標達成のためにマネージャとメンバー全員が知恵を合わせ、あるいは持てる能力を発揮するという意味である。合知合力の価値観を組織に浸透させて、仕事のやり方を個人戦ではなく、知力団体戦に変えるこ

図表2-4 「合知合力」のイメージ

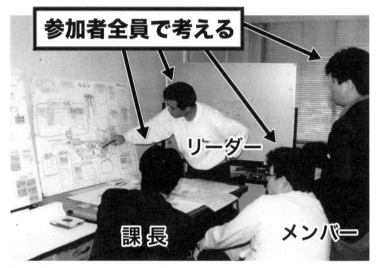

「合知」とは、目標達成のために業務に生じる問題・課題を全員の知恵を合わせて解決していくこと。「合力」とは、個人が持っている経験やノウハウ、技術を出し合うとともに、お互いが応援し合うということを前提に、全員の能力、保有工数、時間資源を組み合わせて、プロジェクト全体に割り当てていくことである。

とこそが、3つの革新のうちのチームワーク革新なのである。脳ミソフル回転は、知力団体戦に臨むマネージャやメンバーに求められる仕事の姿勢ともいえる。

世界戦略車担当チームは段コミに力を入れてきたことで自然に合知合力の価値観を持つようになっていたので、ここで改めて知力団体戦を意識して、チームワーク革新をより確かなものにしてもらいたい――そのような狙いが担当コンサルタントの言葉には込められていた。

「プロローグ」で紹介したように、デンソーの企業風土の土台にはデンソースピリットがあり、その構成要素のひとつに「総智・総力」がある。「チームの力で最大の成果を発揮すること」というこの言葉の意味を考えれば、総智・総力と合知合力はまさに共通の価値観を示しているといえる。「日々、大量の業務を片づけなければいけない環境下で、薄くなりかけていた総智・総力の価値観がよみがえったなら、世界戦略車担当チームは必ずチームワーク革新を成し遂げてくれるはずだ」と担当コンサルタントは期待していたのである。

次の目標は「性能確認試作完成度100％」

若林さんや浜中さん、小笠原さんたちマネージャも、中だるみから脱するために自分たちがするべきことを考えはじめていた。

浜中さんは、300枚の出図をやりきった時点で、マネージャがメンバーに提示する目標がなくなってしまったためにメンバーのモチベーションが落ちてしまったことを、マネージャとして反省していた。マネージャは目の前の課題に取り組みながらも、先のことも準備しておかなければいけないと実感した。

若林さん、浜中さん、小笠原さんが日々のミーティングのなかで見つけ出した次の目標が、性能確認試作の次の試作イベントで出てくると予想される問題を、性能確認試作の段階ですべて解決してしまおうというものだ。

いわば性能確認試作を「仮想量産試作」、量産試作を量産車を

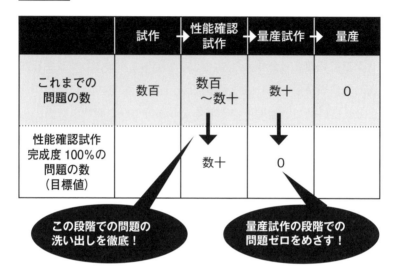

量産の手前の量産試作の段階で、問題ゼロを達成しようと目標を立てた。そのためには、量産試作の手前の性能確認試作で、問題を徹底的に洗い出す必要がある。

想定した「仮想量産」と位置づけ、開発段階を一段ずつ先取りしようというのだ。若林さんたちマネージャは、この目標を「性能確認試作完成度100%」と名づけた。

14年1月から冷技1部の部長に異動し、ここまで浜中さんや若林さんが主導するD-KIを見守ってきた立岩さんは、新たな目標を性能確認試作完成度100%にすると聞き、正直なところ「その計画はさすがに無茶じゃないか」と思ったという。

先に述べたとおり、量産試作ではデンソーの海外工場で部品がつくられ、X社の海外工場で取り付けが行われるため、日本では

想定できない問題が出てくることが多い。10年前の"初代"世界戦略車プロジェクトでは、小笠原さんらエース級の設計者3人が性能確認試作での設計変更を担当したが、それでも量産試作でいくつかの課題が出てきた。今回のメンバーは、10年前のメンバーに比べて経験が浅い。そのメンバーで性能確認試作完成度100％を成し遂げようとするのは、冷技1部をまとめる部長でさえ相当困難だと感じるほど、レベルの高いことだったのだ。

　一方、小笠原さんは、性能確認試作完成度100％に強い思い入れを持っていた。
　10年前の"初代"世界戦略車プロジェクトが量産試作の段階を迎えたとき、小笠原さんは他のメンバーとともに、世界十数カ国に何十回と出張した。
　量産試作は量産に向けた最後の砦(とりで)だ。現地で問題が発見されれば確実に解決する必要がある。そのために何度も現地に出張しなければならない場合もあり、コストと時間が膨大にかかってしまう。だから「次の機会があるなら、量産試作での問題を極力減らしたい」と小笠原さんは考えていた。
　そんな小笠原さんにとっては、絶好の機会が訪れたことになる。ただし、2代目となる今回はＸ社からの要求水準が前回とは比べ物にならないほど高い。それに、初代は一国ずつ順次海外生産をスタートさせたので、初期段階で発生したトラブルに対して手を打つ余裕もあったが、今回は1年半の間に世界10拠点で生産立ち上げをする予定であり、ひとつの問題が全世界の生産拠点に影

響をおよぼすという、最悪の事態も考えられる。

　その事態を避けるためには、問題の発見力、解決力の高い人材が必要だが、先ほど述べたとおり今回の担当者は経験が浅い若いメンバーが多い。そこで小笠原さんは、国内の試作段階である性能確認試作のうちに、若いメンバーに量産試作と同じ体験をさせようと考えた。

　量産試作の段階に入ったら、多くのメンバーが一斉に海外へ出ることになる。みんなバラバラに出かけるため、小笠原さんが持っているノウハウを直接教えることができない。その点、日本で実施される性能確認試作の評価の段階なら、問題発見の仕方など、小笠原さんの蓄積してきたノウハウをメンバーに伝承することができる。

　こうして性能確認試作完成度100％のプロジェクトは、小笠原さん主導で動き出した。

「1危2艦」から
「一喜通貫丸」へ

　中だるみから脱するための次の目標が確定した頃、中間発表※（第6回マネジメント状況共有会）が開かれた。D-KIがスタートしてから約6カ月後の14年1月31日だった。

　インパクト・メソッドでは、ある月のマネジメント状況共有会でチームの日常マネジメント岩盤が確立できたと判断されると、その翌月のマネジメント状況共有会を中間発表として実施することになっている。

日常マネジメント岩盤が確立するまでの期間は、早いチームでも4カ月はかかり、中間発表が開かれるまでの所要期間は平均して6カ月ほどである。

　中間発表では、1チーム30分程度の持ち時間で自分たちがこれまで活動してきた経緯を説明していく。毎月実施しているマネジメント状況共有会での発表時間は1チーム15分前後なので、その倍の時間をかけることになる。

　発表ではまず、立ち上げ研修で作成したマネジメント・スタイル図やコミュニケーション状態図を並べて、D-KIがはじまる前のチーム状態を確認する。4～6カ月ほど経過し、新しい仕事のやり方が定着してくると、過去のチーム状況を忘れがちになる。そのままの状態で活動を進めることがないように、いったん立ち止まり、自分たちの足跡を確認するのである。この確認は、次の段階に進む勢いをつけることにもつながる。

　また、中間発表には開発担当役員や他部門の幹部も参加するので、初期段階から順を追って説明することで、個人の成長とチームの成長をアピールできる場にもなる。

※中間発表

チームの日常マネジメント岩盤の確立を確認したコンサルタントが、通常のマネジメント状況共有会に代えて中間発表を開催するよう指導する。マネジメント状況共有会の拡大版といえる。マネジメント状況共有会では1チームあたりの発表時間は15分前後だが、中間発表ではその倍の約30分をかける。発表時には、これまで作成してきた多数のボードを並べるほか、現在のチーム状態に合わせてマネジメント・スタイル図やコミュニケーション状態図を改めて作成するなどして、インパクト・メソッドの活動の成果をしっかり振り返る。

図表2-6 中間発表

中間発表では、半年におよぶ活動で活用した、多数の見える化ボードを会場に持ち込んで並べ、それまでの活動を詳細に振り返る。

　武内さんは中間発表の挨拶で、「コミュニケーション不全と個人商店型の仕事のやり方がだんだんなくなってきている」とD-KIに対する強い手ごたえを表明した。
　その後、世界戦略車担当チームによる半年間のD-KIの振り返りがあり、両チームの目覚ましい成長ぶりが発表を通じて見えてきた。

　世界戦略車担当チームがD-KIのスタート前と比べて、最も大きく変わったのが、「合知合力」の定着である。
　D-KI以前のチームは、みんなで知恵を出し合う理想的な雰囲

気ではなかった。特定の人だけで議論し、計画や仕事の割り振りなどを決めていたため、メンバーのなかには会話に入れず、ついていけない人もいた。しかし、D-KIがスタートし、日々の段コミや毎週1回の合同段コミが実施されるようになると、マネージャとメンバー全員が持っているノウハウや情報を出し合える環境ができ、みんなで考え、みんなで仕事を進める体制ができていった。このような仕事のやり方の変化をきっかけに、チーム全員がアウトプットイメージをもとに、今どんな仕事をすればいいのかを確認しながら仕事を進められるようになったのである。

次に、マネージャのマネジメント・スタイルや価値観の変化である。

D-KIを導入する前、浜中さんは「自分はマネジメントができている」と思っていた。ところが、段コミを重ね、メンバーの考えていることや仕事で行き詰っていることがわかってくると、「今までメンバーを見ていたつもりだったが、実は見てなかった」ということに気がついた。

なかには、見えてはいるが、本気で手を打てなかった課題もあった。浜中さんは、「はっきりしている課題しか見ようとしなかった」と以前のマネジメントを反省した。メンバーに聞けば、いくらでも課題が出てくる。また、掘れば掘るほど課題は出てくる。それが怖くて、潜在的な課題を見ようとしていなかったのだ。

浜中さんは「これまでの失敗を忘れずに、積極的にマネジメントを変えていかなければいけない」と心に決めてD-KIに臨んでいたのである。

D-KIがはじまって半年で浜中さんのマネジメントは大きく変わった。従来の「オレが決める」から「合意で決める」に変わり、仕事のやり方も「自分でやりきる」から「チームでやりきる」に変化した。

　浜中さんと同じように、若林さんや小笠原さんのマネジメント・スタイルにも変化が表れていた。
　若林さんの場合、以前は「遠慮して体制の変更や、他室に迷惑をかけるほどの人員の投入ができなかった」が、D-KI導入後半年で「遠慮せずに手を打てるようになってきた」と感じていた。
　また、小笠原さんは「メンバーにすべて任せて、間に合わなければ自分で引き受ける」仕事のやり方を、「段コミでメンバーとアウトプットイメージを共有しながら、日々、スケジュールを修正していく」仕事のやり方に変えていった。
　メンバーが力を合わせて300枚の出図をやりきった姿を目の当たりにして、小笠原さんはそれまで抱いていた「仕事を片づけるのが最優先でチームの成長は二の次」という価値観を、「チームが成長すれば仕事は片づいていく」という価値観に転換させたのだ。
　それにともなってマネージャとしての自分の役割を、「火消し役」から「火を起こさない役」と考えるようになった。つまり、未然防止型のマネジメントをしていかなければならないということに気づいたのである。今までプロジェクトが火を噴くと、そのたびに部下の仕事を引き受け、自分で何とかしていたスタイルを、

図表2-7 チームの変化、マネジメント・スタイルの変化

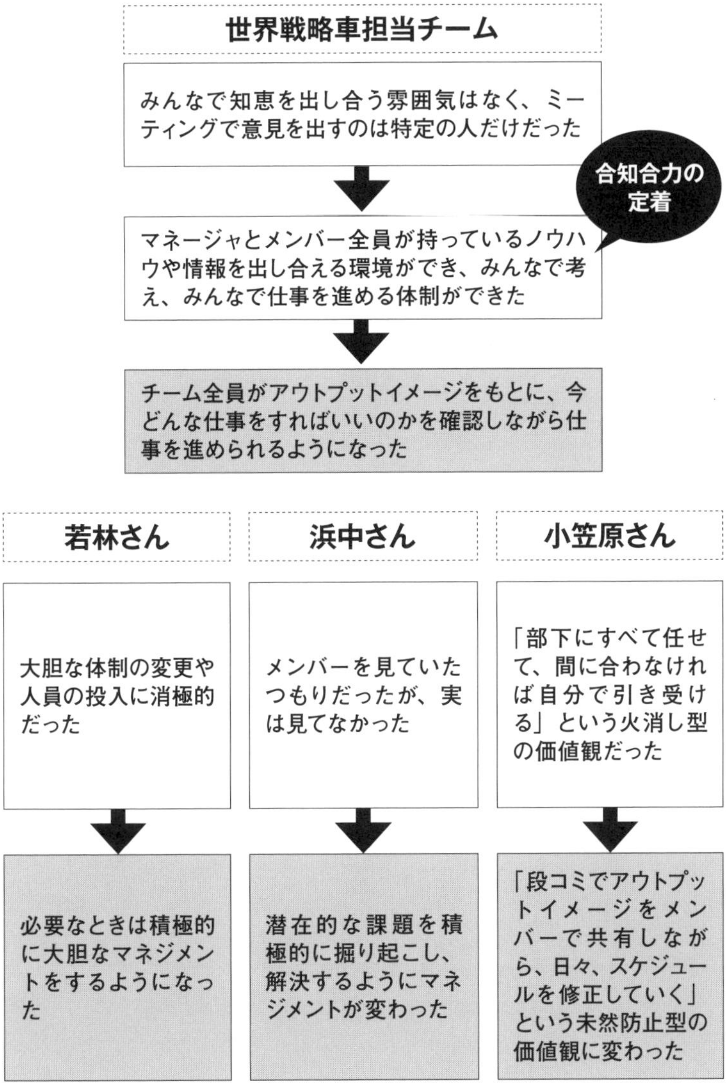

世界戦略車担当チーム

みんなで知恵を出し合う雰囲気はなく、ミーティングで意見を出すのは特定の人だけだった

↓

マネージャとメンバー全員が持っているノウハウや情報を出し合える環境ができ、みんなで考え、みんなで仕事を進める体制ができた

合知合力の定着

↓

チーム全員がアウトプットイメージをもとに、今どんな仕事をすればいいのかを確認しながら仕事を進められるようになった

若林さん
大胆な体制の変更や人員の投入に消極的だった

↓

必要なときは積極的に大胆なマネジメントをするようになった

浜中さん
メンバーを見ていたつもりだったが、実は見てなかった

↓

潜在的な課題を積極的に掘り起こし、解決するようにマネジメントが変わった

小笠原さん
「部下にすべて任せて、間に合わなければ自分で引き受ける」という火消し型の価値観だった

↓

「段コミでアウトプットイメージをメンバーで共有しながら、日々、スケジュールを修正していく」という未然防止型の価値観に変わった

プロジェクトが火を噴かないように事前に仕事の進め方を考えるスタイルに変えようとしていた。

　中間発表では、チームの変化を明確にすることを目的に、改めてマネジメント・スタイル図やコミュニケーション状態図を作成した。立ち上げ研修では、うまく連携できない両チームの姿が2艘の船として描かれたマネジメント・スタイル図が作成されたが、新たなマネジメント・スタイル図に2艘の船は存在しなかった。
　そこに描かれたのは、1艘の船に世界戦略車担当チームの全員が向かい合って乗っている様子だった。最初の絵では存在感がなかったり、チームへの関与が描かれていなかったりした部長や室長が、新しい絵ではしっかりとサポートしている様子で描かれている。
　船の名前も、「一喜通貫丸」である。
「Face to Face」「本気」「思考の共有」「スッキリ」「超見える化」など、図中にあるキーワードは、その船を推進させる原動力だ。どのキーワードも、この半年間でチームに根づいた価値観である。その価値観が力となって、メンバーはPDCAのスクリューをしっかりと回せるようになり、世界戦略車担当チームを乗せた船は力強く前進するようになった。そんな姿がはっきりと描き出されていた。
　発表で小笠原さんは、「大きな図面を持ってきてアウトプットイメージを合わせたのでメンバー間のイメージのずれがなく、また、技術バラシのおかげでみんなの理解度が上がり、作図スピー

図表2-8 中間発表時のマネジメント・スタイル図

中間発表時のマネジメント・スタイル図に描かれたのは、チームの全員が乗った1艘の船。そこにはチーム内が一体化した様子が描かれていた。

ドが速くなった」と語った。このひと言からも正しい仕事とマネジメントの価値観が世界戦略車担当チームに浸透していることが伝わってくる。

三層図で人の成長を描く

中間発表では、世界戦略車担当チームが今後めざす姿も報告された。

次の目標は、性能確認試作完成度100%である。性能確認試作の段階で、その先に起こる問題・課題を予測して事前に手を打つという目標だ。
　性能確認試作の次の試作イベントである量産試作では、メンバーがひとりずつ海外の生産拠点に渡り、それぞれの判断で問題を解決していくという業務が待ち構えている。難易度の高いプロジェクトであり、これを成功させるためには、現在のメンバーのスキルを大きく底上げする必要があった。
　ここで担当コンサルタントから「これからは人の成長に軸足を置いて、浜中さんと小笠原さんがメンバーの育成に積極的に関与しながらD-KIを進めてほしい」という言葉があり、浜中さんには三層図の活用が提案された。

　三層図とは、これから取り組むプロジェクトを成功に導くために描くシナリオだ。「①実現したい結果、②結果を導く革新する仕事のやり方、③チームマネジメントと人の成長」という3つの要素を関連づけたシナリオを描くことにより、従来にない結果を狙って取りにいくのである。
　3つの要素を関連づけたシナリオを描くことは思いのほか難しい。なぜなら、現状の仕事のやり方やメンバーの能力水準を把握したうえで現場の現実をしっかりととらえることができなければならず、しかも、実現したい結果から逆算して、必要な仕事のやり方や職場状態、メンバーの能力水準、そしてメンバーそれぞれがどのようなことに挑戦していくべきなのかを導き出せる逆算発

図表2-9 三層図の基本例

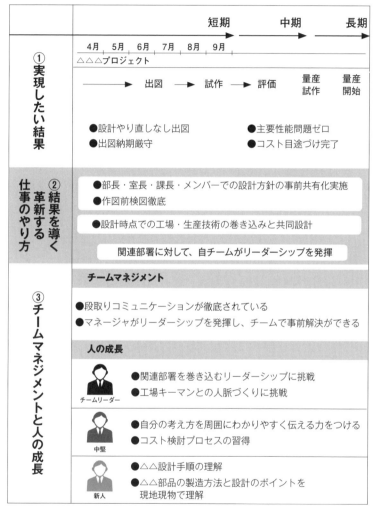

①には、プロジェクトの進行に際して実現したい結果を示す。②には、上記を実現するために仕事のやり方をどう変えるかを示す。③には、①と②に挑戦するために必要なチームマネジメント状態と、個人がどんな挑戦目標で成長していくかを示す。

図表2-10 浜中さんの三層図

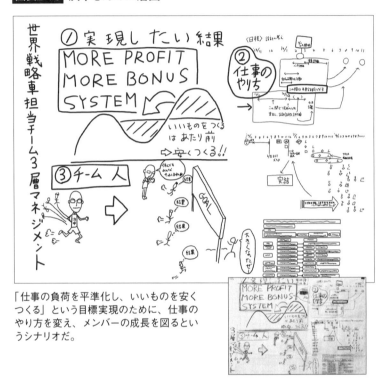

「仕事の負荷を平準化し、いいものを安くつくる」という目標実現のために、仕事のやり方を変え、メンバーの成長を図るというシナリオだ。

想が求められるからだ。さらに、①〜③の要素を関連づけて考えることが習慣化されている必要がある。三層図の作成を求められて、すぐに描けるマネージャは5人にひとり程度だろう。

しかしながら浜中さんは、迷うことなく三層図を描いた。浜中さんは技術はもちろんのこと、プロジェクトやメンバーに対する思いが強く、仕事のやり方を変えたいといつも考えていた。そのようにして蓄積してきたさまざまな考えが、三層図の3つの要素

にスムーズに結びついたのだろう。

　また、デンソーは、デンソースピリットの一項目に人材育成が盛り込まれていることからもわかるように、人材育成に大変熱心な会社だ。人材育成に力を入れている会社のマネージャは比較的、三層図が描ける傾向があるようだ。マネジメントの評価のなかに育成の項目が入っているので、業務と成長がリンクしやすいのだろう。もちろん、浜中さん個人の育成にかける意欲が強かったことも大きな理由だと思われる。

　浜中さんは図表2-10のように三層図を描き、性能確認試作とそれに続く量産試作を成功に導くとともに、メンバーの成長に積極的に関わっていくというシナリオを示した。

2

誰も経験したことがない「性能確認試作完成度100％」への挑戦

メンバー総出で問題を洗い出す

　中間発表が終わると、性能確認試作完成度100％のプロジェクトは本格的に動き出した。先に述べたように、このプロジェクトを主体的に動かすのは小笠原さんのいるX社側チームである。

　小笠原さんがまず重視したのが、メンバーのマインドの問題だ。「ここで問題を見逃しても量産試作がある」と甘く考えてしまうと、性能確認試作の段階での問題の洗い出しを徹底することはできない。そこで、小笠原さんは「性能確認試作の後に量産試作があると考えるのではなく、性能確認試作が最後だというくらいの思いで活動を進めていこう」と話し、メンバーの気を引き締めた。

　また、性能確認試作の段階での確認で見過ごしがちなことに、エアコンシステムの車両への取り付けの問題があった。

　図面上は、問題なく取り付けられる設計になっていたとしても、工場は海外であり、設計者が想定している手順や方法とは違う取り付けられ方をするケースが多いということが、これまでの経験からわかっている。また2、3台見て大丈夫だと思って帰ってきても、4台目の取り付けで配管か何かが少し曲がって、他の部品とぶつかってしまうといったことが起こり得るから油断できない。

そこで小笠原さんたちは、実際の性能確認試作車に自分たちでエアコンシステムを取り付けて、部品に触れながら問題がないか確かめることにした。

　小笠原さんはメンバーに向かって、「いくつ問題を見つけてこられるかが勝負だ。問題を見つけてきたメンバーには、みんなで『ありがとう』と言おう」と檄を飛ばした。

　確認の日数は、のべ1カ月以上におよんだ。その間、チームみんなでエアコン部品はもちろんのこと、周辺の他部品まで、さまざまな角度に動かしたり、引っ張ったり、わざと間違えた取り付け方を試したりしながら、考え得る最悪のケースを見つけようと確認作業を繰り返した。

　手間をかけるだけでなく、さまざまな工夫もした。

　一般的な問題の洗い出し方は、性能確認試作車にエアコンを取り付け、動かして問題があれば、それをノートに記載するという方法だ。

　しかし、不具合が疑われる個所があったとき、最終的にそれを問題であると判断するかどうかには個人差が出る。そこで、小笠原さんはメンバーに対して、「問題を見つけるのではなく、気になったことをシートに書き出すように」と指示し、そのシートを「気づいたシート」と名づけた。

　また、取り付けづらい個所を見つけると、最適な取り付け方法を検証したうえで、その手順やコツをX社の取り付け担当者に提案し合意を得た。量産試作でそうした個所が見つかると、設計変

更が必要だと判断されてしまうため、事前に手を打ったのである。正しい方法で取り付ければ問題はないということをX社の担当者が確認したことを示すサインももらった。自動車部品メーカーが発注元の自動車メーカーの現場に提案しリードするのは異例である。「やれることは全部やっておこう」という意思が伝わってくる踏み込んだ取り組みである。

　こうしてX社側チームは、気づいたシートを使いながら、毎回、同じ位置に取り付けられるか、取り付けづらいところはないかを徹底的に洗い出していった。小笠原さんはメンバーに対して「ここは海外だぞ」と発破をかけながら確認作業を進めた。
　性能確認試作完成度100％の取り組みがはじまって以来、小笠原さんは性能確認試作でどれほど多くの問題が出てくるだろうかと、いつも気になっていた。
　結果は、10年前、経験豊富な設計者のチームで問題の確認に臨んだときに抽出した件数の約半数だった。
「10年前の自分たちのチームと比べても圧倒的に優秀だ」
　小笠原さんはそう思った。そのとき、頭に浮かんだのが段コミの効果だ。段コミでアウトプットイメージを共有できたことが、よい結果を導いたと考えたのである。

　性能確認試作完成度100％で狙った成果の行方が明らかになるのは、次の量産試作の場だ。
　量産試作での世界戦略車担当チームの取り組みは後段で詳しく

図表2-11 性能確認試作完成度100%をめざす徹底確認

これまでの経験から予測されるリスク

問題の判断基準が人によって異なる

工場の担当者が、デンソー側が想定している手順や方法とは違う取り付け方をすることもある

取り付け作業中に他の部品の位置がずれるなどして、取り付けがしにくくなることがある

性能確認試作完成度100%での対処方法

気になったことがあれば、すべてシートに書き出す

エアコン部品や周辺の他部品をさまざまな角度に動かしたり、引っ張ったり、わざと間違えた取り付け方をしながら考えられる最悪のケースを探す

取り付けづらい個所があれば、最適な取り付け方法を検証。その手順やコツをX社の取り付け担当者に提案し、正しく取り付ければ問題はないということを確認してサインをもらう

述べるが、ここで先に性能確認試作完成度100％の成果について触れておこう。

　X社側チームは、1カ月以上にわたり「気になる」ことまで含めた取り付けの問題を洗い出した。それに加えて、取り付けづらい場合でもX社の担当者に最適な取り付け方法を提案して合意を得た。やれることはやって臨んだ量産試作で問題点は指摘されず、「取り付けづらい」というクレームもほとんど出てこなかった。「奇跡的なことだ」と小笠原さんは感嘆したという。

　通常、性能確認試作の期間中に発見された問題点にすべて対応しても、量産試作で問題が1件も抽出されないことはまずない。ましてやこのような大規模プロジェクトで取り付けの問題を抑え込めるはずはないと誰もが考えていた。

　しかし今回は違った。性能確認試作完成度100％をやり遂げたことで、予想された多数の問題を事前に抑え込み、見事に量産試作の"問題ゼロ"を成し遂げたのだ。

　これにより、性能確認試作の評価がはじまってから時間を追って拡大していく傾向にあった仕事の負荷を分散し、ピークを低くするという目標を達成できたのである。

3

徹底的な段コミで
開発プロセスを改善する

日常マネジメント岩盤を再強化する

　小笠原さんがX社側チームのメンバーを率いて問題を洗い出していた頃、デンソー側チームは13年11月までに出した図面の設計変更に対応しながら、次の試作イベントである量産試作の準備に入りはじめていた。

　このとき、特に気をつけたのが合同段コミの再活性化である。D-KIがスタートしてから、世界戦略車担当チームは毎週1回、必ず合同段コミを実施してきたが、中だるみ期間を迎え、合同段コミを実施しない週もみられるようになった。

　浜中さんも、チームの雰囲気の低下に危機感を抱いていた。そんなとき、「合同段コミがないと、X社側チームが何をやっているかわからないし、すっきりしない」という発言が藤田さんからあった。そのひと言で、浜中さんは合同段コミを続けていこうと決意をする。さらに、「デンソー側チームの段コミも活性化する。ふりかえりボードも毎週、必ず作成し、仕事のPDCAをきちんと回す。プロジェクト岩盤を築くためにも、日常マネジメント岩盤をもう一度見直し、しっかりとした岩盤を築いていこう」と考えた。

こうしてスタートした浜中さんの徹底的な段コミは、今までとは少しスタイルが変わった。300枚の出図のための段コミでは、情報共有することが一番のポイントだったが、性能確認試作の段階からはじまった新しいスタイルの段コミは、メンバーに考えさせることに重点がおかれた。
　浜中さんはメンバーに対して「日程のメンテナンスはしている？」「間に合わなかったときはどうするの？」「この部品のつくり方はわかる？」と問いかけ、じっくりと考えてもらった後に、メンバーそれぞれの言葉で答えてもらった。新しい段コミのスタイルをとおして、メンバーは考える力を身につけていった。

　また、徹底的な段コミは、結果を導くまでの仕事のプロセスにいくつもの選択肢があることを気づかせてくれた。
　たとえば、次のようなケースだ。
　エアコンを車両に取り付けるとき、作業者が部品のひとつである金属のパイプを強く握ってしまい、それをつなぐブラケットと呼ばれる部品が変形してしまったことがあり、デンソー側チームが設計変更を担当した。
　不具合を解消するためには、当然、パイプをつなぐブラケットの強度を上げなければならない。本来ならブラケットの板厚を変更したうえで正式な部品をつくって強度を測るのだが、ここで問題になるのが時間とコストである。通常は、今回の目的以外の機能も入った完全な試作品を作成していたが、それでは強度測定用の部品を用意するのに時間を費やすことになり、コストも跳ね上

図表2-12 新しい段コミのスタイル

```
┌─ D-KI スタート直後の段コミ ─┐

マネージャ、メンバー間で情報共有するとともに、
マネージャのアウトプットイメージをメンバーに
詳しく伝えることを重視
```

```
┌─ 中だるみ後に再活性化した段コミ ─┐

情報共有やアウトプットイメージの共有に加え、
メンバーが仕事の進め方やスケジュール管理について
自発的に考え、問題・課題を解決していくことを重視
```

がってしまうため、プロジェクトの進行に大きな悪影響をおよぼすことになりかねない。

　そこでデンソー側チームは、段コミの場でみんなでポンチ絵を描きながら、どのようなつくり方をすれば時間やコストのロスを減らせるか知恵の出し合いをした。すると、「こんなシンプルなかたちにしたらすぐつくれる」「こういうふうにしたら設計計算できるはず」というように、プロセスを簡素化しながら、しっかりと強度測定できる部品をつくるためのアイデアが多数出てきた。メンバーは浜中さんの知らないノウハウを持っていたのである。

このときは、パイプと平板でブラケットをモデル化したものを正式試作して、目的の強度測定を短期間に実現できた。さらに費用も、本来なら何十万円もかかるはずが数万円で済んだのである。
　これが開発プロセス革新である。段コミを繰り返して合知合力のレベルを上げながら仕事のプロセスに革新をもたらす。デンソー側チームはアウトプットを出すまでに最短かつ負荷の少ない仕事のやり方を身につけたといえる。
　その他にも、今まで１カ月半かかっていた仕事が２週間で終わるケースもあった。仕事の期間が飛躍的に短くなることは当然、大幅なコスト削減につながる。
　浜中さんが三層図で掲げていた「いいものをつくるのは当たり前で、安くつくる」「狙って取りにいく」「各メンバーが自律し、仕事をやりきることで成長する」という目標の実現に一歩一歩近づいていた。

4

3つの革新によって変わった組織風土

**本来のマネージャ業務が
できるようになった**

　D-KIがはじまって1年が経とうとしていた。X社の世界戦略車プロジェクトは性能確認試作の評価がほぼ終わり、いよいよ量産試作がスタートしようとしていた。

　D-KIがはじまった頃の世界戦略車担当チームの状態は、新しい次元にチャレンジするには決してよい状態とはいえなかった。チームには、コミュニケーション不全、個人商店化、あいまいなスタートという職場の3大慣習が存在していた。

　しかし、浜中さんの強いリーダーシップで段コミをはじめるとコミュニケーションがよくなり、さらに田口さんの本気のマネジメントをきっかけに、メンバーのモチベーションは急激に上がっていった。メンバーも段コミや週間予定、ふりかえりボードをしっかりと継続し、マネージャとメンバー全員が一丸になって新しい仕事のやり方を身につけていった。すると驚くほどのスピードで3つの革新が起こり、日常マネジメント岩盤が形成されていったのである。

　その結果、世界戦略車担当チームにはいくつものご利益が発生

した。日常の仕事がスムーズに回るようになり、プロジェクトの難しい課題も合知合力で解決できるようになった。また、チームの雰囲気がよくなり、誰もが前向きに仕事に取り組むようになった。

浜中さんは、「D-KIを続けると、メンバーから自分が考えていたとおりのアウトプットが正確に出てくるようになる」と述べる。その結果、それまでメンバーとのやり取りに費やしていた時間の一部をマネージャ本来の仕事にあてることができるようになるという。

実際にD-KIがスタートして1年で、浜中さんの時間の使い方、業務の配分はずいぶん変わった。総労働時間は15％も減ったのに、本来、自分がやりたいと思っていたところに時間がかけられるようになった。デンソーはマネージャがどの業務に何時間使っているかの記録を取っているが、浜中さんの場合、D-KIを導入する前と導入した後では、段コミ以外の会議や設計業務の時間が減り、指導育成とプロジェクト管理の時間が増えたという。

大きな要因は、メンバーの仕事のレベルが向上したため、浜中さんも安心して任せられるようになったことだ。また、他部署などとの会議にもメンバーが浜中さんの代わりに出席できるようになった。その分、人と組織を成長させるところに時間をさけるようになった。

あるとき、担当コンサルタントが浜中さんに、「マネージャの

役割は何だと思いますか」と尋ねてみると、「メンバーが狙ったとおりの成果を出せるように導くことです。それがマネージャの腕の見せどころ」という答えが返ってきた。マネージャの本来の役割を果たせるようになった浜中さんの自信がうかがえる答えだった。

浜中さんは空いた時間で、「メンバーをどう育てようか」「このプロジェクトはどうやったら成功するか」を考えながら作戦を立てているという。浮かんだアイデアのなかから実現性の高いものを選んで、メンバーと一緒に協議し、担当を割り振っていくということもしている。「そういう仕事ができるようになったのがうれしかったですね」と浜中さんは喜んでいる。

チーム自体も、やり直しが出るたびにマネージャやチーム以外の人の応援を頼んで何とか仕事を終える「火消し型」チームから、成果を狙って取りにいける「未然防止型」チームになっていた。

宇宙飛行士並みの
価値観を獲得

世界戦略車担当チームは14年7月4日、インパクト・メソッドの卒業式に当たる「飛越式」を迎えた。

約1年間におよぶインパクト・メソッドの活動は、この「飛越式」を迎えて修了となる。ただし、活動がそこで終了するのではなく、各職場でさらに発展させるという意味から「飛越式」と呼ばれている。

飛越式で、世界戦略車担当チームには「インパクト賞」が贈ら

図表2-13 飛越式

飛越式でも中間発表と同様に、チームが活用してきた多数のボードを並べて、初期状態から順番を追って活動経緯を説明していく。

れた。実際、人と組織の成長には目を見張るものがあった。

若林さんは飛越式で、「自分がメンバーに歩み寄れば、自分の思いも伝わる」と発言し、コミュニケーションの本当の重要性を実感していた。浜中さんは以前、火消しの仕事で精いっぱいだったが、メンバーにきちんと意図を伝え、仕事を任せることでメンバーの成長を促し、より先のことを考えてマネジメントができるようになった。

メンバーも飛越式では、「毎週の振り返りによって、なぜ計画通りできなかったのか、次はどうすればいいのかを自分で考えら

第2章 プロジェクト岩盤への挑戦が導いたチームの成長

図表2-14 インパクト賞とオスカー像

コンサルタントに成長を認められたチームだけが"飛越"できる。特に優秀なチームにはインパクト賞と副賞のオスカー像が贈られる。

れるようになった」「段コミで自分の担当以外の仕事も理解できるようになり、トラブルが起きたときにチームワークを発揮できるようになった」などと発言し、大きな成長をうかがわせた。

このように世界戦略車担当チームは、室長からメンバーまでのどのポジションにいる人も一緒に成長しながら日常のマネジメントや業務に当たっていた。このチームは誰もが成長している。そう断言できる組織は、日本中見ても多くはないはずだ。しかも一般的なチームに比べ、半分の時間で成長したのだ。

飛越式で披露されたマネジメント・スタイル図は、中間発表のときからさらなる飛躍を遂げていた。
　「一喜通貫丸」のスクリューがロケットエンジンに変わり、翼も加わって、力強く推進している。部長や室長もしっかりロケットを後押ししている。
　また、チームがこれまで身につけてきた次の８つの価値観が図のなかに散りばめられていた。

・コミュニケーション能力
・チームワーク
・自己管理
・危機管理
・状況認識
・意思決定
・フォロワーシップ（気づかい）
・異文化対応（究極のコミュニケーション）

　D-KIの当初から大事にしてきた価値観に加え、仕事をやりきるために必要な価値観、さらには海外拠点で成功をおさめるための価値観が記されている。
　タイトルには「宇宙飛行士並みの価値観」とある。チームが身につけた価値観は、宇宙飛行士に求められる８つの資質に重なるそうだ。
　８つの価値観はこれからはじまる量産試作でいかんなく発揮さ

第2章 プロジェクト岩盤への挑戦が導いたチームの成長

図表2-15 飛越時のマネジメント・スタイル図

D-KIがスタートした当初、沈みそうな2艘の船にたとえられたチーム状態は、飛越時には宇宙船にたとえられるまでに進化していた。

れることになる。

第3章

理想のチームをめざす
新たな挑戦

1

より大きな成果を目標に
自走がはじまる

マネージャの思い、メンバーの覚悟

　世界戦略車担当チームは1年にわたるD-KIのプログラムを修了した後、2014年8月からマネージャとメンバーが主体となってインパクト・メソッドを実践する「自走」期間に入った。

　2年目となる自走期間では、プロジェクト岩盤をいっそう強固なものにすると同時に、狙い通りにビジネス成果を実現できるチームへの進化を目指していくことになる。

　自主的な活動のなかで革新を起こすことは簡単なことではない。インパクト・メソッドを続けること自体が目的となってしまい、マネジメントレベルの向上につながらないなど、活動が停滞してしまうケースもよく見られる。

　しかし、世界戦略車担当チームは、マネジメントレベルを一段上げて、性能確認試作の次の試作イベントである量産試作に挑んだ。

　量産試作がはじまるということは、世界10拠点での生産立ち上げが目前に迫っていることを意味している。

　量産がスタートすると、タイ、インドネシア、南アフリカ、ア

ルゼンチンなどのX社工場に対し、デンソーの海外工場からエアコンシステムが供給されることになる。

　こうした生産体制を構築するため、世界戦略車担当チームは量産試作の段階でX社とデンソー双方の海外工場を回って、不具合を解消していくことになる。基本的にX社側チームは海外のX社工場を回り、デンソー側チームは海外のデンソー工場を回るというように担当分けされているが、マネージャはどちらの工場にも顔を出し、両社の海外拠点をつなぐ役割も果たす。

　メンバーにとっては初めて経験する業務ばかりである。

　ここまで、D-KIに取り組みながら、300枚の大量出図や性能確認試作完成度100％を経験してきた世界戦略車担当チームだが、いずれのプロジェクトも、困難を乗り越えられたのはチームの力があったからである。

　これに対して量産試作では、メンバーそれぞれが別々の国に出張し、現地では基本的に個人で活動することになるので、これまでのようにマネージャが段コミで一つひとつ課題を伝え、解決方法をみんなで話し合うといったスタイルは取れない。メンバー一人ひとりが自律し、力を発揮しなければプロジェクトの成功は望めないということである。さらにいえば、マネジメントのやり方もそれにふさわしいかたちに変える必要があった。

　そこで世界戦略車担当チームは段コミを実施し、1年間の活動を振り返りながら、さらなる成果を得るための自走のやり方について話し合った。

図表3-1　世界戦略車担当チームが決めた自走D-KIのやり方

	マネージャ	メンバー
これまで	チームの成功体験を積み重ねることを目的に、メンバーに役割や役目を割り当てるとともに、目標設定や動機づけを行うなど、刺激を与えながらチームを引っ張った	マネージャから影響を受けて活動してきた。方針は、みんなで段コミをして決めた
自走D-KIのポイント	メンバーがチャレンジする機会をつくり出し、刺激を与えて自発的な活動を促しながら後方支援した	自分で考えて提案し、他のメンバーが納得するような結果を出すという活動を心掛けた。また、他のメンバーや海外拠点のローカルスタッフに影響を与えることを自分たちの役割であると考え行動した

メンバーの主体性が、人と組織の成長を実現するカギに

　まず、マネージャは、これまではチームの成功体験を積み重ねることを目的に、自らがチームを全力で引っ張るマネジメントで活動してきたが、自走では、メンバーのチャレンジの機会をつくり出すことに力点をおき、自分たちは後方支援に徹することに決めた。

　また、今まではマネージャがメンバーに対して役割や役目を割り当て、目標設定や動機づけも行うなど、一定程度の強制力を働

かせながらメンバーを刺激してきた。しかし自走では、マネージャは強制力ではなく、メンバーの自発的な活動を促すような刺激を与えることにした。

メンバーも、段コミを実施して、みんなで方針を決めるスタイルから、自分で考えて提案し、チームメンバーが納得するような結果を出すという活動に変えていくことにした。また、従来はマネージャから影響を受けて活動していたが、自走期間は他のメンバーや海外拠点のローカルスタッフに影響を与えることを自分たちの役割であると考えて行動するという目標を立てた。

人と組織の成長を実現するうえでカギになるのが、メンバーの主体性である。言われたことをこなしていればそれでいいと考えるメンバーがいるチームは成長が期待できない。率先して問題・課題解決に取り組み、わからないことがあればマネージャや他のメンバーに尋ねるという行動ができなければならない。それをインパクト・メソッドでは、メンバーの"リーダーシップ"であると考えている。世界戦略車担当チームのマネージャも、量産試作のプロジェクトを通じてチームのメンバー全員がリーダーとなり、リーダーシップを発揮してほしいと期待していた。

2

世界を舞台にした
重要ミッションにメンバーが挑む

職域を超えて担当することになった
海外業務

　浜中さんは量産試作の評価のために海外に行くメンバーについて、実力と将来性を考慮して藤田さんにも任せようと決めた。

　藤田さんは入社以来、一貫して冷暖房技術1部で仕事をしてきた。ただし、総合職としてではなく、もともと設計者の指示に従って図面を描く実務職として入社している。大学も文系の学部。たまたま配属された先が設計の部署だった。

　だが、入社したときの上司が、設計者として育てていきたいという意向を持っていたことから、高い水準の訓練を受けることができた。会社にも、設計者とはいわないまでも、女性の実務職にも技術的なことを教えていこうという機運が出はじめた頃だった。

　入社当初は図面の見方すらわからなかった藤田さんだが、地道に製図の技術を習得していった。上司は教育熱心で、自動車の製造現場に藤田さんを連れて行くこともあった。モノづくりの現場を実際に見せてもらい、製図の仕事に対するモチベーションが上がったことを藤田さんは今でもはっきり覚えている。

　藤田さんは長いキャリアのなかでいろいろなノウハウを身につ

けていた。近頃では、派遣設計者に図面を依頼するときの責任者や、タイからの研修生の面倒を見る役割も果たしていた。

浜中さんは量産試作の機会に、藤田さんがこれまでよりも広い領域の仕事を経験して、大きな仕事のやりがいを知ってもらえたらいいと考えていた。

「設計の仕事はたしかに面白いが、社内で人脈を構築したり、人を育てたり、先にある仕事をやりやすいように考えたりすることも仕事の大きな楽しみではないか」というのが浜中さんの持論だった。自分がこれまで仕事をしてきて実感した仕事の面白さを、浜中さんは藤田さんにも味わってほしいと願っていた。

藤田さんが量産試作で担当するのは、ディーラーオプション・エアコン（DOP A/C）という分野である。

DOP A/Cは、出荷時にエアコンがついていないクルマに後からエアコンを取り付けることだ。先進国では最初からエアコンが装着されているのが当たり前だが、新興国ではエアコンが装着されていないクルマも売られている。購入時にエアコンのないクルマを買ったユーザーから、エアコンを取り付けてほしいと言われたときに、エアコンキットを用意し、車両に取り付けるのがDOP A/Cである。

藤田さんは、後づけするエアコンキットの品質を確認し、それがきちんと取り付けられるかを検討する「取り付け検討会」に参加するためにタイへ行くことになった。

藤田さんには、従来の設計業務に加え、新たに次のような業務

が任された。

①体制づくりと車両選定

　タイやブラジル、サウジアラビアなど海外拠点の設計メンバーと連絡を取り合う際の日本の窓口を引き受ける。現地の設計メンバー、サービス担当者、現地工場の担当者がいるなかで、どういう体制を敷いて活動するかを決める。そして、関係者リストの作成から取り付け検討に最適な車両の選定まで、現地メンバーから信用され、頼られる仕事をすることで、仕事のレベルを一段あげる。通常はマネージャの仕事。

②タイの取り付け検討会実施

　量産試作車に本当に部品が正しく取り付けられるか、取り付け後にエアコンが正しく作動するか、また、キット内部品にヌケモレはないかなどを最終品で確認する。そして、コスト改善案件の抽出や取り付けマニュアルの修正がないかを確認し、量産仕様を決定する。

③ローカルの人材育成

　海外のローカルスタッフの足りない部分、弱点は何か、めざすものは何かを客観的に把握できる指標をつくり、それにもとづいて指導し、ローカルスタッフの力を引き上げる。そして、現地で主体的にDOP A/Cの検討が行える基礎を構築する。

第3章 理想のチームをめざす新たな挑戦

図表3-2 取り付け検討会の全体像

2014年4月〜

体制づくり
・連絡窓口の設置
・各国の関係者リスト作成
・取り付け車両の選定

日本

1週間の海外出張

タイ

2015年1月

取り付け検討会
1日1台、合計5台の量産試作車にエアコンシステムを取り付けて性能や不具合の有無を確認する

タイ拠点や、現地を訪れていた中近東拠点の関係者との人脈を構築する

海外拠点の自律をめざし、ローカルスタッフの人材育成を実施する

浜中さんは、このように「期待する成長のあり方」を示して、藤田さんにDOP A/Cに関する業務を割り当てた。

　人の成長を考えながら業務の割り当てを行うのは簡単なことではない。浜中さんも、量産試作関連業務の人選を考えながら、そのことを実感していた。

「メンバーの職域や仕事の幅がきちんと把握できていないと、適切な割り当てはできない。目標が高くなりすぎるとメンバーのやる気をそぐし、逆に簡単すぎると達成感を持てない。今の仕事よりもややレベルが高く、手を伸ばせば届くくらいの目標を、絶妙なタイミングで与えなければならないということだろう」

高度な業務をやり終えて
自分の成長を実感する

　藤田さんは量産試作の段階で、浜中さんから大きな成長の機会を与えられた。ふだんから図面を描いているとはいえ、女性の実務職が海外出張するのは異例だ。しかし、D-KIがスタートした当初から、藤田さんの実務能力は誰もが認めるところであり、しかもタイから来ていたふたりの研修生に対する目配りや気配りがよくできていた。そのため人望もあり、メンバーのなかには「藤田さんが何かやるなら手助けをしてあげよう」という雰囲気があった。だからこそ浜中さんは、「必ず成功する」という確信にもとづき、前例のない実務職、しかも女性をタイに出張させるという計画の実行を決断したのである。

14年11月、タイの取り付け検討会の業務を藤田さんが担当することが正式に決まった。

DOP A/C のために、日本からタイに行くのは藤田さんとエアコンの取り付け作業を専門に行うふたりのサービス担当者である。設計者は藤田さんだけだ。藤田さんは、「ひとりでできるだろうか」という不安も抱いたという。

しかし「マネージャをはじめ、上司の期待に応えたい」という気持ちと、「自分も挑戦したい」という気持ちで、タイ行きを決意した。

藤田さんはひとりで仕事をやりきるために、担当が決まってからさまざまな準備を進めた。たとえば現地で検討する項目の洗い出しや、部品が予定通り届いていなかったらどうするかをシミュレーションし、同行するサービス担当者との間では作業の進め方を事前に打ち合わせた。タイのローカルスタッフとは、出張中の連携体制について相談した。

15年1月、藤田さんはタイに6日間出張して、月曜日から金曜日まで1日1台、5日で5台の取り付け検討会を実施した。

藤田さんはエアコンキットがきちんと取り付けられるか、取り付けたあと、他の部品とぶつかることはないかといった点を一つひとつ丁寧に確認していった。

その場にはタイのローカルスタッフのほか、中近東のローカルスタッフもいた。藤田さんは、取り付け検討会を経験したことのないローカルスタッフに対して、エアコンキットの確認の仕方や

図表3-3 タイの取り付け検討会後に撮影された記念写真

藤田さんは初めての取り付け検討会を無事終了することができた。訪日時に手助けしたタイのスタッフは藤田さんを惜しみなく支援したという。

取り付け作業で気をつけるポイントを教えるなど、ノウハウや手順を指導した。

そのとき指導したタイのローカルスタッフは、後日、他のデンソーの拠点での取り付け検討会で主導的な役割を果たした。そのことを耳にした藤田さんは、「教えてよかった」と喜び、同時に大きな達成感を覚えたという。

ローカルスタッフとの連携も万全だった。以前、藤田さんが面倒を見ていた研修生が、このときローカルスタッフのまとめ役を務めており、当時の恩返しとばかりに藤田さんの活動を全面的にサポートしてくれたのである。

タイの取り付け検討会は順調に進んだ。最終日となる金曜日、最後の１台の取り付け検討会を終えた後、食事会に参加した。中近東から出張してきたローカルスタッフに加えて、たまたま訪タイしていた、サウジアラビアでエアコンキットを販売するデンソー・アブドゥル・ラティフ・ジャミールの社長が参加し、親睦を兼ねた打ち上げが開かれ、今回の活動への感謝の言葉を直接もらうことにつながった。

　藤田さんはタイ出張を終えて、自分がひと回り成長したことを実感した。

**タイで奮闘する藤田さんを
陰から支援**

　実は藤田さんのタイ出張の裏側には、浜中さんの手厚い支援があった。

　浜中さんの準備は藤田さんの海外出張の半年前からはじまっていた。

　藤田さんと一緒に、タイの取り付け検討会ではどういう問題が起きそうか、問題が起きたときはどうするかをシミュレーションして解決の方法を練った。そして、ひとつの問題に対し、Ａ案、Ｂ案、Ｃ案というように複数の対処法を用意して、現場の状況に応じてそのなかから一番適切な方法を選べるようにした。

　このやり方なら、よほどのことがない限り現地で慌てることなく対応できる。それでも藤田さんがひとりで判断できない場合は、すぐに日本にいる浜中さんのところに電話を入れるルールを取り

決めた。日本とタイとの時差は2時間しかないので、リアルタイム対応することが十分可能である。

浜中さんは藤田さんと一緒になって事前準備を進めるほか、タイに滞在する日本人のマネージャやローカルマネージャに、藤田さんの安全の確保や支援を依頼した。

実際に現地で成果を出すのは藤田さんである。藤田さんがタイのローカルスタッフと一緒になって検討会を進め、アウトプットを出すのだが、藤田さんが万全の態勢で業務に臨めるようにと、裏側で藤田さんを支援する体制をつくっておいたのだ。ただし、藤田さんのモチベーションを考えて、支援体制があることは伝えなかった。

支援体制を用意することは、藤田さんの海外出張を部長や室長に許可してもらうための決め手にもなった。

グローバルな仕事を
体験させたい

浜中さんが、量産試作に関連する業務を通じて大きく成長してほしいと期待するメンバーがもうひとりいた。300枚の大量出図に奔走していた13年10月にデンソー側チームに加わった北村文明さん（現在は冷暖房技術1部第4技術室設計2課担当係長）である。

北村さんは、若林さんが300枚の大量出図をやりきるために、新しい戦力として呼び寄せた設計者だ。

デンソー側チームに来るまで、北村さんは基本的にひとりで仕

第3章 理想のチームをめざす新たな挑戦

もともと、ひとりで仕事をやりきるタイプだった北村さん。しかし、D-KIに触れるとすぐに、そのメリットを感じ、積極的に仕事に取り入れた。

事をやりきるスタイルだった。それまでのマネージャがあまり指示を出さない人であり、本人もひとりで結果を出すだけの力があった。

だが、世界戦略車担当チームで段コミや見える化を体験してみると、「個人でできる仕事には限界がある」と気づいた。そこで、D-KIを積極的に自分の仕事に利用していった。

浜中さんは北村さんにグローバルな仕事を体験させたいと考えていた。

入社から約20年にわたり、北村さんが担当してきたのはすべて国内で生産する自動車であり、海外で生産する自動車のプロジェクトには一度も関わったことがなかった。浜中さんには、北村

さんに将来のリーダーになってもらいたいという思いがあり、そのためにも量産試作を北村さんにとって飛躍の場としてもらいたいと考えていたのだ。

　浜中さんは北村さんがデンソーチームに異動してきた当初から、「試作イベントではアジアを担当してもらうから」と話していた。いよいよ量産試作の段階を迎えたときも、「モノづくりも含めて、海外で勉強してきてほしい」と期待を込めてアジア担当業務を割り当てた。

　一方、北村さんは、仕事の幅を広げてくれようとする浜中さんの意図は十分に理解できた。しかし、国内だけで仕事をしてきた北村さんには海外に人脈がない。英語も得意ではない。正直、自ら進んで海外の仕事をやりたいとは思っていなかった。

　そういう北村さんに、浜中さんは海外で仕事をするときのポイントをアドバイスした。北村さんに一番大事にするように言ったのがコミュニケーションである。特にレスポンスの速さを心掛けてほしいと、「現地からメールが来たら1日以内に『いつまでに回答するから』と返事をしなさい」と指示した。

　英語が苦手な人の場合、海外拠点から英文のメールが来るとすぐに返事をしないことが多い。英文の意味を解釈し、書いてある要望に対する答えを用意してから返事を書くのだが、そんなことをしていると、あっという間に1週間くらい経ってしまう。それでは相手の信頼を得られない。だから、「受け取ったというメールだけでもすぐに出そう」と浜中さんは言っているのだ。

浜中さんは「多少英文がおかしくても恥ずかしいことはない。意味がわからなければ向こうから聞いてくる。十分に英語が書けたり話せたりしなくてもグローバルなプロジェクトは回せる」と北村さんを安心させた。また、最初のうちは北村さんがメールを送る前に英文を読み、手直しするというような支援を惜しまなかった。

周到な準備で
海外の仕事を乗りきる

　浜中さんは、英語に関しては明確なアドバイスを送ったが、基本的に後方支援に徹した。最初から情報をすべて渡すのではなく、情報を小出しにしながら北村さんが自分で学び、考える機会をつくったのである。

　北村さんは海外出張に出る前にするべきことは何かを自ら考えた。海外の部品メーカーから日本に届いているエアコン部品については、設計意図と詳細に照らし合わせ、違っている部分は現地と連絡を取って、「細部のチューニングをしてほしい」と伝えておいた。

　現地に行ったら実物を確認しなければならないので、部品に使われている材料の品質を検査する方法や、製造工程における温度管理のやり方も知っておきたかった。そこで、品質保証部に出向き、材料検査やプロセス管理についての手法を詳しく教えてもらった。

　品質保証部から学んだことは虎の巻のような資料にまとめ、海

外出張のときに持って行った。

　また、国によっても課題が違うので、それもあらかじめ整理しておいた。たとえば日本では機械で製造するプロセスを手作業に頼る国もある。材料を加工するときに固定する方法も違う。製造環境や条件が違うので、エアコンの部品にばらつきが出る可能性が考えられた。それを知るか知らないかだけでも、現地へ行ったときの対応が違ってくる。

　北村さんは量産試作の段階に入ると、タイを出発点にして、インドネシア、インド、マレーシア、フィリピンなど、アジアのデンソー工場を1週間くらいずつ回った。

　現場では、まず部品をずらっと並べて、図面通りになっているかを念のため確認する。設計意図と違う場合は、現地の部品メーカーまで出かけて、設計意図通りチューニングするように指示する。型や加工工程が原因でそれが難しく、設計意図実現のためにどうしても図面の変更が必要なときは、それを日本へ持ち帰る。北村さんは出張中、そういう作業を進めていた。

　また、タイで起きたことは次の国でも起きると想定し、次の国に行く前に問題・課題とその解決法を整理した。

　毎週1回2時間、アジアの拠点をつないで設計会議を開いていたので、その場を使ってタイで起きた問題・課題の共有化を図った。おかげで2カ国目、3カ国目と移るにしたがって、だんだんと問題・課題は少なくなっていった。

先に述べたように、最終的に量産試作の段階で設計変更につながるような不具合は発見されなかった。世界戦略車担当チームは、不可能と思われていた量産試作の"問題ゼロ"を成し遂げたのである。

　そこには小笠原さんたちX社側チームが中心になって進めた、性能確認試作完成度100％の奮闘があった。そして、海外初出張の藤田さんと北村さんは浜中課長の期待にしっかりと応えて発生が予想される問題の芽をつぶした。それらに加え、海外のローカルスタッフの献身的な努力もあった。つまり、世界戦略車担当チームが中心となり、さらに世界各国のメンバーも参画して、"問題ゼロ"の偉業をやってのけたことになる。

　北村さんにとっては、最初は乗り気でなかった海外での仕事だったが、量産試作を終えてみると満足感が大きかった。海外出張のおかげで、アジアのデンソー拠点にたくさんの仲間ができ、「仕事は人と人とのつながりだ」と実感することができた。

メンバーの成長をみながら
マネジメント・スタイルを変える

　浜中さんはD-KIがはじまってから、マネジメント・スタイルを次々と変化させてきた。

　最初、合同段コミに入るときは、リーダーシップを発揮し、チームのメンバーを力強く引っ張っていった。だが、段コミが定着してくると、浜中さんのマネジメントは、メンバーのなかに入って一緒に考えるスタイルに変わった。

図表3-4　メンバーの成長に応じて変わるマネジメント・スタイル

引っ張るマネジメント

インパクト・メソッドを導入して
すぐの時期は、自然と引っ張る
マネジメントになる

寄り添うマネジメント

メンバーが力をつけてきたなら、
マネージャはメンバーに寄り添い、
適宜アドバイスを与えながら
自主性を引き出す

背中を押すマネジメント

メンバーに実力がついたなら、
マネージャは後方支援に徹する

自走期間に入るとそこからまたマネジメントが変化した。

世界戦略車担当チームは、メンバーが前面に立って交渉したり、判断したりすることを自走の目標に掲げた。そのため、浜中さんの役割は、メンバーのモチベーションを上げる方法を考え、メンバーが困らないように裏にサポートの仕組みを用意しておく後方支援となった。

インパクト・メソッドでは、マネジメントには「引っ張る」「寄り添う」「背中を押す」という3つのスタイルがあると考えているが、浜中さんはD-KIがスタートしてから約2年間に、そのすべてを経験したことになる。

インパクト・メソッドの活動を導入してすぐの時期は、マネージャに強いリーダーシップが必要とされるので、自然と引っ張るマネジメントになる。田口さんが見せた本気のマネジメントは、引っ張るマネジメントの典型である。

メンバーが力をつけてくれば、マネージャが前に出て引っ張る必要はない。それでもマネージャのほうが経験や知識が豊富である。だから、メンバーに寄り添い、適宜アドバイスを与えながらメンバーの自主性を引き出して、チームを活性化させる。

メンバーに実力がついたなら、マネージャは後方に下がって構わない。マネージャは広い人脈や権限を使って、メンバーが成果を出しやすいように環境を整えてやるのだ。

マネジメント・スタイルに優劣があるわけではない。チームの状態や置かれている場面によって、マネージャが打つべき手は異

なるからだ。浜中さんのようにメンバーの成長に従ってマネジメント・スタイルを変えていくこともできる。また、日頃は寄り添う、あるいは後方支援のマネジメントであっても、プロジェクトが危機に瀕したときには、引っ張るマネジメントに切り替えなければならないこともあるだろう。

　マネージャに求められているのは、リーダーシップの発揮の仕方が多様にあることを知り、人と組織の現状を見極めた上で、そのときどきに適切なマネジメント・スタイルを取ることなのだ。

3

2年目の活動成果を振り返る飛躍式

量産試作で大きく成長したメンバー

　世界戦略車担当チームが自走に入ってから1年が過ぎた15年8月25日、D-KIの全体事務局が企画した自主イベント「飛躍式」が開催された。飛越式と同じように、自走したチームが1年間の活動をボードを用いて振り返り、その成果を組織で共有するのがイベントの目的である。「飛躍」というイベント名は、これからもD-KIに取り組んでいくことで、さらに大きな飛躍をめざしたいと事務局が決めたものだ。

　浜中さんは、量産試作でメンバーみんながリーダーになれるように事前準備を進めたことや、海外拠点をメンバーの学ぶ場としてとらえて、個人の成長を図ったことを説明した。また、メンバーの能力と国ごとの仕事の難しさのマッチングが難しかったという話もした。

　藤田さんは試作から量産試作までをやりきった自信に満ちあふれていた。なかでもタイにひとりで行き、ローカルスタッフを指導したことが大きな成功体験となり、また一段と成長した。

　藤田さんの話を聞いていた武内さんは、「頼もしい。女性活躍に刺激を与えてほしい」と絶賛した。

図表3-5 飛躍式

飛躍式の発表で自走の成果を説明する藤田さん。見事成功させたタイの取り付け検討会についての振り返りは、聴衆の大きな反響を呼んだ。

　北村さんは海外に出てみて、「日本のモノづくりは突出した出来栄えで製品の完成度も高い。しかし、これが世界のスタンダードではない」ということに気づいたと発表した。海外出張により現地目線を得たようだった。

心が響き合うグローバルデンソー

　飛躍式では新たなマネジメント・スタイル図が披露された。「Orchestration 〜響き合う」と名づけられた図は、今までの船や飛行船とはまるで違うものだった。
　浜中さんが世界のデンソースタッフに向かってタクトを振って

図表3-6 飛躍式時のマネジメント・スタイル図

同じ仕事の価値観を持ち、自律的に問題・課題解決にあたっていける"チームデンソー"が、グローバルに広がりつつあることが描き表されている。

いる。タイ、インドネシア、マレーシア、インド、サウジアラビア、南アフリカ、アルゼンチンにも指揮者がいて、浜中さんに合わせてタクトを振る。

　従来は、日本が指揮をすれば、それに合わせて各国のスタッフが楽器を奏でるという関係だった。しかし量産試作に関連する業務を進めるなかで、藤田さんや北村さんをはじめメンバーがローカルスタッフを指導したことで、各国にリーダーが育ってきた。

　この頃、世界戦略車プロジェクトの終結を控えて世界戦略車担

当チームは規模を縮小していたが、このマネジメント・スタイル図には、「日本のチームは縮小されても、グローバルで考えるとむしろ一緒に活動する仲間は増えている」というメッセージが込められていた。事実、各国でタクトを振れるようなキーマンも17人ほどに増えた。絵をよく見れば、チームメンバーは浜中さんの近くにもいるが、世界の各拠点にも顔を出している。
　これについて藤田さんは「文化も含めて現地に行かなければわからないことがたくさんあります。現地に行くと心が近くなり、この人のために仕事をしてあげたいという気持ちになります」と説明した。

　思い返せば、D-KIを最初導入したいと考えた武内さんの問題意識のなかには、初めて海外赴任をしたドイツで感じたコミュニケーションの難しさがあった。日本から来たマネージャが、さまざまな国の人がいて、いろいろな考えを持っている人たちの集団をどうまとめていくのか、途方にくれたこともあった。
　今、D-KIの活動を一緒に進める仲間が世界中に広がり、グローバルで心の響きあいが起き、広がりと深みのある楽曲を奏でている。武内さんが期待したとおりの姿が見えはじめていた。
　飛躍式の発表の最後には、今後やることとして、「現地発信でコストの低減と、魅力ある製品を提供し続ける」という目標を表明した。そのためにも海外拠点が自立し、問題・課題に当たっていくことが求められている。それを支えるのが、グローバルデンソーのオーケストラチームである。

エピローグ

次なる目標に向けて
D-KIは続く

1

インパクト・コンサルティングが見た D-KI

自走できるチームとは

　私たちは今まで数千の開発チームを見てきた。その経験から言えば、自走できるチームはそう多くはない。稀(まれ)であると言ってもいいくらいだ。そのなかで、世界戦略車担当チームは自走して、さらに一段マネジメントレベルを上げた。

　自走できるチームには共通点がある。ひとつが、マネージャが「3軸3力※」をバランスよく持っていることだ。

　3軸とは、「マネージャの思い」に着目したもので、以下の3つの軸のことである。
・ビジネスが自分たちにとってどのような意味を持ち、その思いが強いか、弱いかという「ビジネス軸」
・技術への思いがどれだけ強いかという「技術軸」
・メンバーの人間的側面を鋭くとらえてマネジメントに活かす力を測る「人間軸」

　一方の3力は、「変える力」に着目したもので、以下の3つの力のことである。
・マネジメントを通して、チームが生み出す結果、個々のメンバ

ーが生み出す結果を変えていく「変えたいことを指し示す力」
・革新への思いを具体的なマネジメントのかたちに展開する「マネジメントアイデア創出力」
・マネージャがリーダーシップをとり、新しい仕事のやり方を自ら実行していく「変える実行力」

　３軸３力は、それぞれの強さだけでなく、バランスのよさが求められる。たとえば「ビジネスには熱心だが、部下の気持ちは考えない」「技術のアイデアは豊富だが、ビジネスへつなげることには興味がない」といった軸の偏りが見られることがある。どちらも好結果が出せないマネジメントの典型である。

　世界戦略車チームのマネージャ、とりわけ浜中さんは３軸３力をバランスよく持ち合わせていた。もちろん、D-KIのなかで培ってきたものもあるだろう。
　ただし、それだけでは自走は成功しない。
　自走の成否を分けるポイントはもうひとつ、インパクト・メソッドで学んだ正しい仕事のやり方をチーム全員がどこまで体に染み込ませているかにかかっている。藤田さんは段コミが下火になったときに、「すっきりしない」と言った。このように、「段コミや見える化、アウトプットイメージからの逆算発想はあって当たり前」とメンバー全員が思えるくらいのレベルに達すると、自走できるチームに成長するのである。

図表 3軸3力

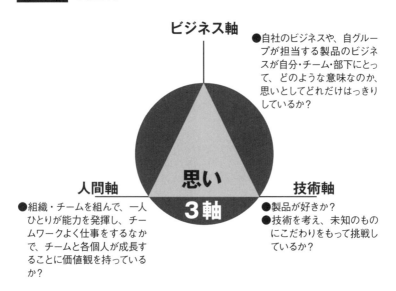

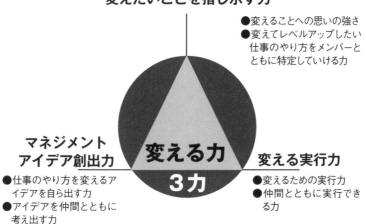

エピローグ　次なる目標に向けてD-KIは続く

個人商店からチームワークへ
180度転換

　世界戦略車プロジェクトは、16年までにほぼ終結した。

　浜中さんと藤田さんはプロジェクトの続きを担当しているが、小笠原さんと北村さんは新しいプロジェクトをはじめている。ふたりはそこでもD-KIを活用し、完成度の高い設計をスムーズに出すことに挑戦している。

　世界戦略車プロジェクトが一段落した今、マネージャはこれまでのD-KIをいったん総括し、また新たな気持ちで前に進もうとしている。

　一番、マネジメント・スタイルが変わったのは小笠原さんだ。

　D-KIがはじまるまで個人商店型の仕事のやり方に誇りさえ持っていたのに、今ではメンバーと一緒に毎朝「昨日やったこと」「今日やること」を見える化し、チーム活動にいそしんでいる。「メンバーの仕事の中身が見えないとすっきりしないんです」と、以前、藤田さんが言ったような言葉が口をついて出てくるようになった。

　そして今は、メンバーを育成することが楽しくて仕方がない。「若いメンバーには広い範囲の知識を持ってほしい。僕のようにエンジンルーム内のエアコンシステムは得意だけど、それ以外のことは苦手というのではマネージャになってから苦労するから。北村くんは今後マネージャになるのだから、今あらゆることを吸収し、メンバーに助言ができるようになってもらいたい」

小笠原さんはメンバーの一人ひとりを期待を込めながら育てている。

グローバルで
「バディ」の関係

浜中さんはD-KIを通じて、自分が動くのではなく、メンバーに動いてもらうのがプロジェクトを成功させるカギになると理解した。

「最初はメンバーの仕事が心配で、自分が引っ張らないといけない、自分が決めなければいけないと思っていましたが、丸投げするのではなく、こういうふうにやってくださいと意図を伝えて任せれば、メンバーはしっかりできるのです」

メンバーが業務を進められるようになって、本来、マネージャがやるべきことである、先を見て打ち手を考えられるようになった。D-KIのご利益である。

浜中さんはチームづくりのポイントは「志を一緒にすること」だと言う。

「そのためにマネージャは段コミで、自分の考え、部の考え、会社の考えを繰り返し、繰り返し、かみ砕いてメンバーに伝えなければなりません。マネージャが言ったことにメンバーも腹落ちして、志を共有することが重要です」

今、志を同じくする仲間は海外に広がった。

タイでもD-KIを展開している。「タイのローカルスタッフは、D-KIを『B-KI』と呼んでいます」と浜中さんが教えてくれた。

「私が『Bってなに？』とタイのローカルスタッフに聞くと、『バディ（仲間）です』と答えるのです。組織的にはマネージャとメンバーという上下はありますが、段コミは上下関係とは違った一体感があります。だからバディと言ったのではないでしょうか」と浜中さんは語る。

メンバーとバディと言える信頼関係を築いていく。そのためにはマネージャがメンバーの苦労をすべて知ったうえで、自分の苦労もメンバーに見せることも大切と思うようになった。浜中さんは、「今はみんなひとつの屋根の下で同じ釜の飯を食うという思いです」と感慨深い表情を見せる。

上級マネージャが評価すること

若林さんは量産試作で、海外出張の予算を確保するために積極的に動いた。そのとき「上司をうまく使う」という、かつての若林さんなら遠慮してしまったかもしれないやり方に対しても、もはや躊躇しなくなっていた。

若林さんは今、冷技1部でD-KIを推進する責任者を務めている。インパクト・メソッドの「人の成長」のところにポイントをおいているのは、現在も変わらない。

「人は周りに認められたいという要求がありますし、自己成長すると楽しいという気持ちがあります。だから高い成果を出そうと思えば、業務と人の成長を両輪で進めなければいけません」

人づくりに終わりはない。

立岩さんは、インパクト・メソッドにマネージャを大きく育てる力があると評価する。
「インパクト・メソッドには段コミや見える化など、マネージャが活用できるたくさんの引き出しがあります。部下を育て、問題・課題を解決する方法を教えてもらえ、プロジェクトを運営するリーダーとしての素養が身につくのです」
　立岩さんは、浜中さんから藤田さんの海外出張の提案を受けたとき、「いいじゃないか、ぜひやろう。しかし絶対に失敗は許さん」と答えた。藤田さんは海外出張でひと皮むけて、一段レベルの高い技術者になった。それを見て立岩さんは「行かせて本当によかった」と喜ぶとともに、素晴らしいサポート体制を敷いた浜中さんの仕事ぶり、それと浜中さんと藤田さんの強い信頼関係にも心を打たれた。
　立岩さんは、マネージャとメンバーが一緒になって成長していく姿を見て、D-KIは「ありきたりのマネージャ研修にない要素がいっぱいある」と言う。

　田口さんは冷技1部4室1課が「理想的なチームになってくれた」と喜ぶ。
「メンバーが自分の仕事に対して責任感を持ちながらも、助け合いもあります。全員がお互いの仕事に敬意を払いつつ、自分の意見も活発に言えるチームです」
　一番うれしかったのは、チームがD-KIに取り組みながら、一

人ひとりが個人商店から抜け出し、チームワークで仕事をするようになったことだ。

「D-KIを経験したメンバーがやがてマネージャになります。そのときに今回身につけた価値観をベースに、本気のマネジメントを発揮してくれると思うのです」

田口さんはチームが得た価値観が連綿と受け継がれていくことを願っている。

D-KIを全事業部へ展開したい

武内さんはD-KIを成功させるために必要不可欠な条件として、上層部の肯定的なスタンスをあげる。

チームがD-KIに取り組んでいる間、技術を統括する副社長が徳田さんから宮木正彦さん、山中康司さんと代わったが、「全員がD-KIの効果を高く評価している」と武内さんは言う。

「代々の副社長みんなが、こういう活動は止めてはいけない、全社にどんどん広げていかなければいけないという思いを持っています。D-KIを成功させるには、やはり経営層の意識がカギを握っているのです」

武内さんがD-KIの効果を一番感じるのは、D-KIが根づいたチームのマネージャから上がってくる業務報告の内容が変わってきたことだ。

「現場の課題を突き詰めて、課題を解決するためには仕事のやり方や仕組み、ルールを変えなければいけないのではないかといっ

た、現場をよく理解した報告が上がってくるようになりました」

マネージャが現場の課題に対して深堀りし、根本的に解決しようとする姿勢を見せはじめている。

デンソーがD-KIをはじめてから3年間に、熱事業グループにあるすべての部で少なくとも1チームはD-KIが導入され、また、デンソーの全事業グループにも少しずつ広がった。武内さんは「次の3年のうちにデンソーの全事業部でD-KIを展開したい」と期待する。

正しい考え方と正しいやり方が
変革をもたらす

私たちは冷技1部4室1課の事例を、きわめてオーソドックスなケースと考えている。オーソドックスとは、インパクト・メソッドを正しく理解し、正しく実践したということだ。しかし、これが相当難しい。

チームにも何度か危機があった。初期の頃は段コミを進めているにもかかわらず、仕事が思うほどにははかどらなかった。日常マネジメント岩盤ができた後、本来ならすぐにプロジェクト岩盤を狙っていかなくてはならないのに中だるみしてしまった。

こうした危機に対して、マネージャが本気になって現場に入り込んだり、適切な目標を設定したりすることでメンバーのモチベーションをキープしたりしながら乗り越えていった。そして一時期の停滞はあったとはいえ、どんなに忙しくても段コミを続けることをチームの習慣とした。

エピローグ　次なる目標に向けてD-KIは続く

　そのようにして世界戦略車担当チームは、コミュニケーション革新、問題・課題解決革新、チームワーク革新の3つの革新を起こした。そして、日常マネジメント岩盤からプロジェクト岩盤へと活動のレベルが上がると、3つの革新に拍車がかかり、チームはめざす理想の姿へと大きく変化していった。

　武内さんは「インパクト・メソッドを全社で習慣や癖にしたい。押しつけるのではなく、自然にデンソー流の仕事のやり方になると好ましい」と言うが、まさにその通りだ。段コミや見える化、アウトプットイメージからの逆算発想が習慣として体に染みつき、知力団体戦が当たり前になると組織は強くなるのだ。
　16年度から熱機器事業部では、マネジメント・スタイルを見直し、仕事のやり方を変えて活性化されたチームを表彰することにした。
　「業績ではなく、働き方が変わったチームを表彰します。やはり頑張った人を褒めないといけません」と武内さん。狙いは、仕事の面白味、やりがいを感じられる組織風土づくりだ。
　私たちは、デンソーのマネージャとメンバーが、さらなる高みをめざして成長することを願っている。

おわりに

　技術者が会社の枠を超えて仕事のやり方について情報交換したり、議論したりする交流の場は少ない。私たちは、そのような場づくりの一助になるのでは、という思いで、インパクト・メソッド導入企業の事例を紹介する書籍を制作し続けてきた。
　2012年に初めて刊行した『実践！"元気"な開発チームをつくるマネジメント（成功事例に学ぶ「インパクト・メソッド」Vol. 1）』では3社、13年に刊行した『マネージャが変わればチームが変わる！（成功事例に学ぶ「インパクト・メソッド」Vol. 2）』と15年に刊行した『マネジメントは格闘技(成功事例に学ぶ「インパクト・メソッド」Vol. 3）』では、それぞれ2社の導入事例を紹介した。
　そして、第4弾となる本書は、初めて単独の企業を対象にした書籍となった。その分、導入企業に起きたいくつもの変化を詳しくお伝えすることができたのではないかと思う。
　本書で紹介させていただいたのは、デンソー様の実践事例であ

る。今回ご登場いただいた方々は、マネジメントの基本に忠実で、チームを土台から固め直すような姿勢で活動に取り組まれていたことを今でもはっきり覚えている。

　インパクト・メソッドの方法論は、取り組みにおける基本という意味で「型」であり、その「型」の本質を正しく理解し、行動することが「心」である。さらに組織やチームにおいては、経営の要請に対して自らが主体的に他者に働きかける存在になることが求められ、そこに「格闘」することが必要となる。
　このような考えのもと、私たちはマネジメント革新を実現する方程式を次のように考えている。

マネジメント革新＝「型」×「心」×「格闘」

　デンソー様の導入事例でも、これら３つの要素にアプローチするシーンが何度となく見られた。もう一度、事例を読み返していただけると、３つの要素を感じていただけるのではないかと思う。

　私が、研究・開発・設計部門のコンサルテーションに携わって30年が経とうとしているが、この間にインパクト・メソッドの活動は進化を続けてきた。

事例集 Vol. 3 から「マネジメントは格闘技」というコンセプトを打ち出したのも、インパクト・メソッドが遂げた進化のひとつである。
　インパクト・メソッドは、これからも進化に挑戦し続ける。そして私たちは、可能な限り多数の開発現場でみなさまのお役に立てるように努力していくつもりである。
　最後に、本書の制作にあたって多大なご支援をいただいたデンソー様に、改めて深く感謝申し上げたい。

2016 年 12 月

　　　　　　　　　　株式会社インパクト・コンサルティング
　　　　　　　　　　　　代表取締役　倉益幸弘

【参考文献】

『開発チーム革新を成功に導くインパクト・メソッド 進化版』
インパクト・コンサルティング 著（実業之日本社）

『アナログコミュニケーション経営』
倉益幸弘 著（実業之日本社）

【会社概要】
株式会社インパクト・コンサルティング
(IMPACT Consulting Ltd.)

所　在　地	〒141-0022 東京都品川区東五反田1-21-10 東五反田I-Nビル3階
代表取締役	倉益幸弘
設　　　立	2001年4月
事 業 内 容	知力生産性向上による経営革新のコンサルティング 研修、社員教育、セミナー
連　絡　先	TEL 03-5475-1355 FAX 03-3440-5020 E-mail info@impact-consulting.jp
ウェブサイト	http://www.impact-consulting.jp/

【著者プロフィール】

倉益幸弘（くらます・さちひろ）
設備機械メーカーの設計を経験後、大手コンサルティング会社を経て、故岡田幹雄氏とともに2001年インパクト・コンサルティングを設立。インパクト・メソッドの開発に最初から携わる。2004年より代表取締役。

布施 肇（ふせ・はじめ）
半導体検査装置関連機器の技術営業を経験後、2007年にインパクト・コンサルティング入社。入社以降、日常マネジメント革新のコンサルティングに従事。「人がイキイキと仕事ができる職場をつくること」を信念に日々コンサルティングの現場で問題解決に取り組んでいる。

内田士家留（うちだ・しげる）
ホワイトカラー部門のマネジメントに関するコンサルティングに従事後、2004年インパクト・コンサルティングに入社。同社パートナー。営業、企画担当としてインパクト・メソッドの普及およびインパクト・メソッド導入企業交流会を通じた導入企業間の交流を推進している。

正しい価値観で行動すれば職場と結果は変わる
成功事例に学ぶ「インパクト・メソッド」Vol.4

2016年12月17日 初版第1刷発行

著　　　者	インパクト・コンサルティング
	倉益幸弘／布施肇／内田士家留
発　行　者	岩野裕一
発　行　所	株式会社実業之日本社
	〒153-0044
	東京都目黒区大橋1-5-1 クロスエアタワー 8F
	TEL［編集・販売］03-6809-0495
	実業之日本社のホームページ　http://www.j-n.co.jp/
印刷・製本所	大日本印刷株式会社

©IMPACT Consulting Ltd. Printed in Japan 2016
ISBN978-4-408-41191-0

落丁・乱丁の場合は小社でお取り替えいたします。実業之日本社のプライバシーポリシー（個人情報の取り扱い）は、上記サイトをご覧ください。本書の一部あるいは全部を無断で複写・複製（コピー、スキャン、デジタル化等）・転載することは、法律で認められた場合を除き、禁じられています。また、購入者以外の第三者による本書のいかなる電子複製も一切認められておりません。